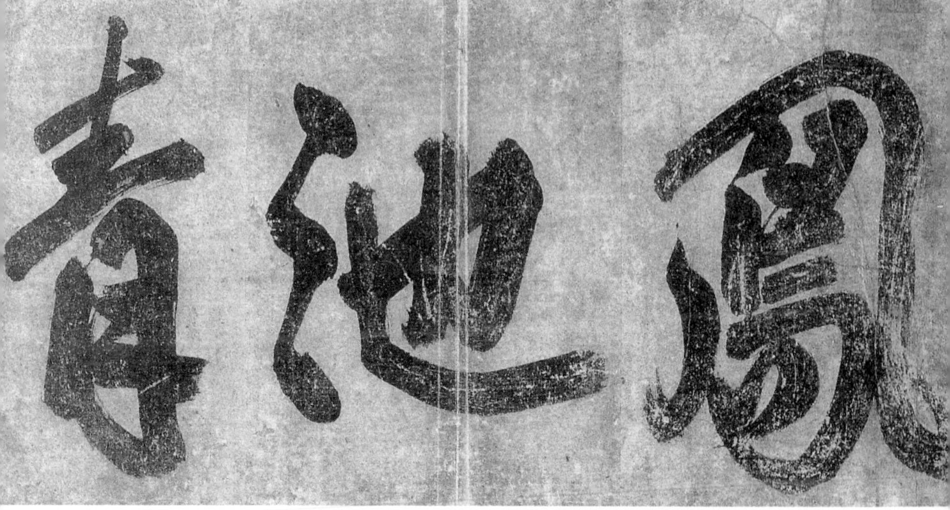

안평대군의 유묵, 〈봉지청〉, 서울대학교박물관 소장

안평대군은 정치적으로는 불우했지만 예술에서는 큰 업적을 남겼다.

안견(安堅), 〈몽유도원도夢遊桃源圖〉, 1447, 비단, 38.7×106.5cm, 일본 덴리대 소장

골짜기에 들어서자 안이 넓게 트여 2~3리는 될 듯했다. 사방으로 산이 벽처럼 둘러서 있는 가운데 구름과 안개가 자욱이 피어오르고 있었으며, 가깝고 먼 복숭아나무 숲에 햇살이 비쳐 마치 노을이 지는 듯했다. 또 대숲에 띳집이 있는데 사립문은 반쯤 열려 있었고 흙으로 만든 섬돌은 이미 무너져 있었으며 닭이나 개, 소나 말 같은 것은 없었다. 앞 내에 조각배만 물결을 따라 떠다닐 뿐이어서 그 쓸쓸한 정경은 마치 신선이 사는 곳인 듯했다.

안중식(安中植), 〈도원행주桃園行舟〉, 국립중앙박물관 소장

20세기 초 서구 열강과 일제에 의해 어려워진 사회에서 벗어나 오히려 옛 도원을 그리는 경향이 있었는데, 그 대표자가 안중식이다.

백제 사비시대(7세기) 산수무늬 벽돌, 국립부여박물관 소장

사방에 높은 봉우리와 울창한 나무숲이 가득하다.
옛사람들은 이상향에 가고 싶은 마음을 벽돌에도 표현했다.

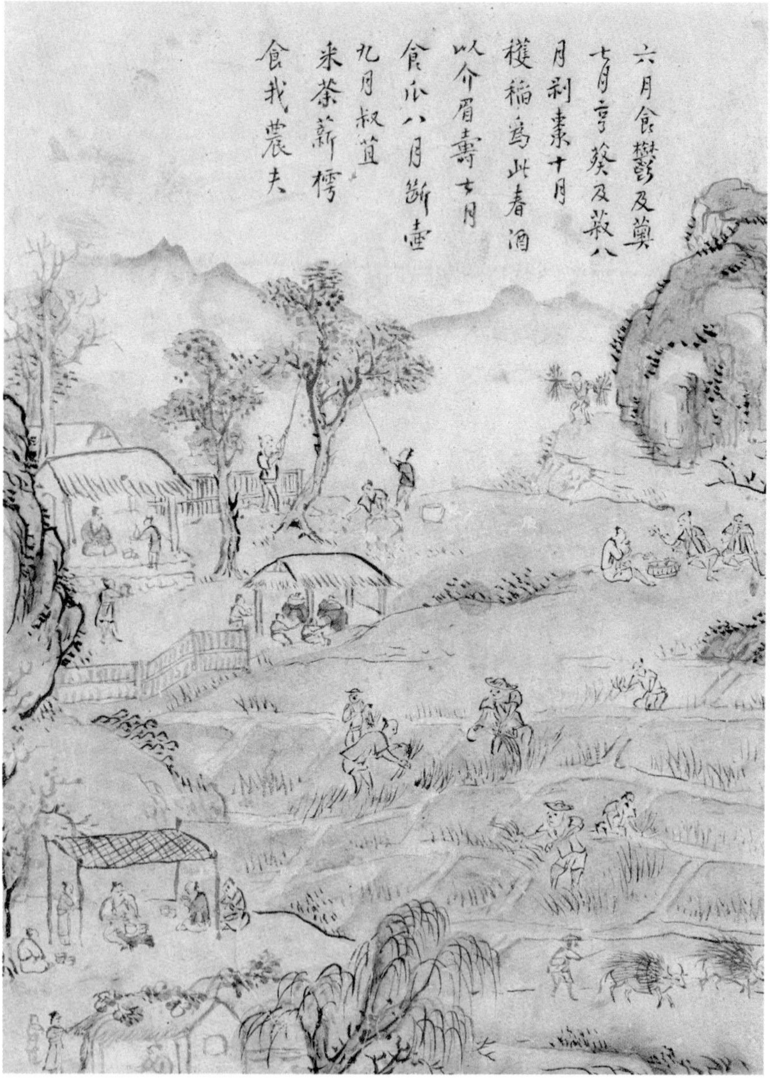

이방운(李昉運), 〈빈풍칠월도〉, 국립중앙박물관 소장

〈빈풍칠월도〉는 모두 8폭으로 구성되어 있다. 『시경』에 있는 「빈풍칠월」 시를 그림으로 그린 것으로, 그림에는 농민들이 농업과 누에 기르는 일에 열심인 생활상이 잘 드러나 있다.

변관식(卞寬植), 〈무릉도원〉,
고려대학교박물관 소장

금강산 대작의 작가로 널리 알려진 변관식은
〈무릉도원〉에서
한국의 이상향을 진경산수의 필치로 구현해냈다.

종로구 부암동의 무계정사(武溪精舍)

안평대군은 꿈속에 거닐던 복사꽃 동산을 인왕산 기슭에서 발견하고는 그곳이 바로 몽유도원과 같다는 생각에 무계정사를 지었다. 부암동 329의 4번지. 서울시 유형문화재 제22호.

조선인의 유토피아

05 키워드 한국문화

조선인의 유토피아

서신혜 지음

문학동네

차례

머리말 006

1_ 안평대군이 꿈꾼 세계 〈몽유도원도〉 009

2_ 옛사람들이 그린 이상향의 모태, 도연명의 「도화원기」 035

3_ 이상향, 그 다양한 이름들 049

4_ 바라는 세계, 그 구체적 메커니즘 073

별세계는 어디에 어떤 모습으로 있을까 | 먹고사는 방식
문명의 이로운 기계라는 것은 | 우리가 세상을 떠난 이유
개똥밭에 굴러도 오래 살고 싶다 | 비밀로 해주시오

5_ 실제로 새 세상을 건설한 사람들 117

6_ 꿈꾼 데에서 나아가 133

주 145

참고문헌 149

키워드 속 키워드

1 한유韓愈의 「제도원도시題桃源圖詩」 027 | 2 안평대군의 꿈에 동행한 사람들, 역사 속 그들의 실체 030 | 3 〈몽유도원도〉 뒤에 붙인 당대 최고 문인의 찬문들 033 | 4 이상향의 또다른 이름들은 어떤 이야기에 나오나? 071 | 5 허생이 꿈꾼 유토피아 113

머리말

옛사람들이 꿈꾸던 세상, 지금 우리가 꿈꾸는 세상

이 책은 안평대군의 꿈을 그려놓은 〈몽유도원도〉에서부터 시작해 우리 옛 조상들이 꿈꾸며 찾아 헤매던 이상 공간을 구체적으로 들여다본 것이다. 우리 조상들을 '우리 할아버지의 할아버지'로 표현한 것은 친근감의 표시이다. 여기에서 필자는 우리 조상들이 꿈꾼 세상은 어떤 곳이었으며, 어떤 원리에 의해 무엇을 추구하며 사는 공간이었는가를 살핌으로써 그들의 가치 지향을 알아보고자 했다.

흔히 "세상 좋아졌다"고들 하지만 현대인들은 지금 세상을 '좋은 세상'이라거나 '천국'이라고는 말하지 않는다. 현대인이 바라는 세상은 어떤 세상인가? 옛날 선인들이 추구하던 세상은 어떤 세상인가? 이들 간의 간격을 살펴보면 오늘을 사는 우리가 무엇을 추구해야 하며, 어떤 세상을 만들어야 할 것인가를 생각해볼 수 있을 것이다.

동양의 역사에서, 또한 우리나라의 역사에서 무릉도원은 지금 우리가 사는 세상과는 다른 꿈의 세상, 소망의 세상을 일컫는 이름이다. 누구는 그런 세계를 청학동, 혹자는 태평동, 혹자는 이화동梨花洞이라 부르기도 했다. 부르는 이름은 천국, 유토피아, 무릉도원, 이상향, 선계仙界 등 제각각이었지만, 옛날부터 수많은 사람들이 그러한 공간을 찾아 헤매었으며 끊임없이 이 공간을 찾는 시도를 계속해왔던 것만은 움직일 수 없는 사실이다. 그들 모두 막상 그런 공간을 찾는 데에는 실패했다. 찾지 못했기에 시도가 끝없이 이어지기도 했고 말이다. 나도 우리도 그런 세상을 찾고 만들기 위한 발걸음을 멈추지 않을 것이다. 그게 삶이다.

우리 모두 행복한 세상을 꿈꾸며
저자 서신혜 삼가 쓰다

1

안평대군이 꿈꾼 세계 〈몽유도원도〉

꿈에서 산길을 헤매던 안평대군과 박팽년! 그들 앞에 펼쳐져 있던 험한 길이 드디어 끝나고 갑자기 넓은 공간이 나타났다. 그토록 험하고 긴 진입로 너머에 이리도 넓은 평야가 있으리라고는 상상도 할 수 없었다. 산이 사방으로 벽을 이루듯 둘러싼 가운데 사방 2~3리는 되어 보이는 평야! 복숭아꽃이 만발한 곳에 햇살이 비치니 마치 붉은 노을이 진 것처럼 아름다워 한동안 감탄하며 바라보고 있었다. 그곳에는 여느 시골에서 볼 수 있듯이 초가집이 여럿 있었다. 사립문도 섬돌도 있었으나 사람이나 가축의 움직임은 없어서 쓸쓸하기까지 했다.

세종대왕에게는 아들이 여럿 있었다. 그중 우리 역사가 기억하는 사람은 세 명이다. 병약한 탓에 일찍 죽어 아들 단종을 비극에 빠져들게 한 장남 문종, 훗날 조카 단종을 죽이고 왕위에 올라 세조가 된 수양대군, 형 수양대군에 의해 역적으로 몰려 죽임을 당한 안평대군安平大君, 1418~1453이 그들이다. 〈몽유도원도〉에 얽힌 사연의 주인공은 안평대군이다.

왕이 되지 못한 왕손은 보통 사람들보다 훨씬 못한 삶을 사는 경우가 많았다. 왕권에 대한 위협세력이 되기도 하려니와 혹 적자가 아닌 사람이 왕위에 올랐을 때는 본인들의 의사와 상관없이 왕손을 왕으로 옹립하려는 세력이 있기 마련이었다. 왕의 형제들은 왕권에 대한 강력한 위협세력이기 때문에 대부분 왕위에 오르고 나면 어떤 꼬투리를 잡아서든 자기 형제들을 죽이는 것이 예사였다. 자신의 형제들을 죽인 태종 이방원을 비롯해 영창대군을 죽인 광해군 등 그 예는 셀 수도 없다. 안평대군도 이런 이유로 죽임을 당한 비극의 주인공이다.

안평대군과 관련해 요즘 우리가 기억하는 것은 두 가지이다. 하나는 소설 『운영전』의 배경이 안평대군이 사는 궁궐이며 여주인공은 안평대군의 궁녀라는 사실이고, 다른 하나가 〈몽유도원도〉이다.

안평대군의 유묵, 〈봉지청〉, 종이, 24.6×49.0cm, 서울대학교박물관 소장 | 안평대군은 정치적으로는 불우했지만, 예술에서는 큰 업적을 남겼다. 특히 글씨가 빼어나 김구, 양사언, 한호 등과 함께 조선 전기의 4대 명필로 꼽힌다.

안평대군은 「몽유도원기夢遊桃源記」라는 글을 통해 자신이 꾼 꿈과 이것을 그림으로 남기게 된 사연을 자세히 설명했다. 그 내용을 따라가면서 그림을 본다면 그림에서 더 많은 것들을 읽어낼 수 있을 것이다.

(1) 정묘년丁卯年, 1447년 4월 20일 밤 내가 막 자리에 누웠는데 정신이 갑자기 아득해지며 깊이 잠들어 꿈까지 꾸게 되었다. 갑자기 인수仁叟 박팽년朴彭年, 1417~1456과 함께 어느 산 아래에 이르렀는데 겹겹이 둘린 멧부리는 우뚝하고 깊은 골짜기는 그윽하고 아득하였다. 복숭아꽃 나무 수십 그루도 있었다. 숲으로 난 오솔길은 끝자락에서 갈림길이 되었다. 방황하며 머뭇거리고 서서 어디로 가야 할지 몰라하다가 소박한 차림의 어떤 사람

을 만났다. 그가 길게 읍하며 나에게 말하기를,

"이 길을 따라 북쪽 골짜기로 들어가면 도원桃源입니다."

하는 것이었다. 내가 박팽년과 함께 말을 채찍질하여 그곳을 찾아가는데 절벽은 깎아지른 듯하고 수풀은 울창하였다. 시내를 끼고 길을 꺾어 돌기를 아마도 백 번이나 한 듯하여 길을 잃은 것만 같았다.[1]

첫 단락 이야기는 잠드는 대목이다. 때는 1447년이다. 언제쯤인지 가늠이 잘 안 되는가? 세종대왕이 한글을 창제해 반포한 해가 1446년이니, 바로 그 이듬해의 일이다. 이때 안평대군의 나이는 서른이었다. 4월 어느 날 밤 그는 꿈을 꾸었다. 꿈에서 그는 아버지 세종대왕께서 아끼시던 집현전 학사 중 한 사람이자, 평소 자신과 절친하게 지내던 박팽년과 함께 어느 산에 가게 된다. 굽이굽이마다 깊은 골짜기를 품은 겹겹산이 얼마나 우뚝 솟아 있었는지 안평대군은 우선 그 규모와 분위기에 놀랐다. 밖에서는 도저히 그 깊이나 너비, 높이를 다 가늠해볼 수 없을 정도였다. 좀더 가까이 가보니 나무라고는 오로지 복숭아나무뿐이었다. 나무마다 꽃이 피어 아름다운 가운데, 산속으로 오솔길이 나 있는 것을 보고 따라 들어가보았다. 한참 가다보니 갈림길이 나왔다. 어디로 가야 할지 몰라 망설이고 있을 때 갑자기 한 시골 사람이 나타나 북쪽을 가리키면서 그곳으로 가면 도원이 나온다고 했다.

도원이란 옛날 도연명의 글에 나오는 별세계別世界로 지금 세상과는 다른 세계를 가리킨다. 진나라 때 전쟁이나 학정虐政을 피해 들어간 사람들이 이루었다는 이곳 도원은 무릉땅에 있다고 하여 '무릉도원'이라 불렸으며, 이후 천국이나 유토피아 등 사람들이 가고 싶어하는 이상향의 대명사가 되었다. 본래 도연명이 쓴 글에 나오는 별세계에는 복숭아나무가 가득했다고 했으니, 안평대군도 꿈에 본 이 이상향에서도 '그 산에 복숭아나무만 여럿 보였다'고 묘사했던 것이다.

그 시골 사람이 알려준 대로 길을 가는데, 길이 어찌나 험한지 이리저리 꺾이고 막히기를 수백 번이나 했다. 길이 없는 게 아니냐고, 혹 길을 잘못 든 게 아니냐고, 아까 그 사람이 거짓말을 한 것은 아니냐고 하면서 몇 번이나 되돌아가려 했다. 그러나 혹시나 하면서 한 걸음 한 걸음 더 나아갔다.

결국 꿈속에서 안평대군과 박팽년은 새 세계를 보았다. 그들이 본 도원의 모습을 그린 것이 다음 단락이다.

(2) 골짜기에 들어서자 안이 넓게 트여 2~3리는 될 듯하였다. 사방으로 산이 벽처럼 둘러서 있는 가운데 구름과 안개가 자욱이 피어오르고 있었으며, 가깝고 먼 복숭아나무 숲에 햇살이 비치어 마치 노을이 지는 듯했다. 또 대숲에 띳집이 있는데 사립문은 반쯤 열려 있었고 흙으로 만든 섬돌은 이미 무너져 있었으며 닭이나 개, 소나 말 같은 것은 없었다. 앞 내에 조각배만 물결을 따라 떠다닐 뿐이어서 그 쓸쓸한 정경은 마치 신선이 사는

곳인 듯했다.

여기에서 한참 머뭇거리며 바라보다가 박팽년에게 말하기를 "'바위에다 나무를 얽고 골짜기에 구멍을 뚫어 집을 지었다〔架巖鑿谷開家室〕'는 것은 바로 이를 두고 한 말이 아니겠는가. 참으로 도원桃源 골짜기로다" 하였다.[2]

꿈에서 산길을 헤매던 안평대군과 박팽년! 그들 앞에 펼쳐져 있던 험한 길이 드디어 끝나고 갑자기 넓은 공간이 나타났다. 그토록 험하고 긴 진입로 너머에 이리도 넓은 평야가 있으리라고는 상상도 할 수 없었다. 산이 사방으로 벽을 이루듯 둘러싼 가운데 사방 2~3리는 되어 보이는 평야! 복숭아꽃이 만발한 곳에 햇살이 비치니 마치 붉은 노을이 진 것처럼 아름다워 한동안 감탄하며 바라보고 있었다. 그곳에는 여느 시골에서 볼 수 있듯이 초가집이 여럿 있었다. 사립문도 섬돌도 있었으나 사람이나 가축의 움직임은 없어서 쓸쓸하기까지 했다.

안평대군은 이 광경을 보고 "바위에다 나무를 얽고 골짜기에 구멍을 뚫어 집을 지었다"는 옛 글귀를 떠올렸다. 이 구절은 당나라 때의 문장가 한유韓愈, 768~824의 「도원 그림을 보고 지은 시題桃源圖詩」에 나오는 구절이다. 그 시 중에서 무릉도원의 모습을 묘사한 부분은 다음과 같다.

바위에 나무 얽고 골짜기 파 궁실 여니	架巖鑿谷開宮室
지붕과 담장 연하여 천만 일 지내왔네.	接屋連墻千萬日

진나라 망하고 한나라 선 것 듣지 못했으니 嬴顚劉蹶了不聞
땅 갈라지고 하늘 나뉨 걱정할 바 아니라네. 地坼天分非所恤
복숭아나무 심어 곳곳마다 꽃이 피니 種桃處處惟開花
시내와 언덕 원근에 붉은 놀 피어오른 듯. 川原遠近蒸紅霞

이 시를 보면, 안평대군이 "바위에다 나무를 얽고 골짜기에 구멍을 뚫어 집을 지었다"고 쓴 것은 한유의 시 첫 구절과 거의 같다는 사실을 알 수 있다. 꿈속에 펼쳐진 도원 속 집들을 본 안평대군은 그 모습이 예전에 읽은 시 속 정경과 똑같다고 여긴 것이다. 아니 어쩌면 이 시를 읽으며 무릉도원의 모습을 상상했고 그것이 꿈에 표현되었다고 해야 할지도 모르겠다.

그런데 안평대군이 꿈꾼 도원과 한유의 시에 표현된 도원은 차이점이 있다. 안견의 〈몽유도원도〉를 살펴보면 사람들이 한 마을을 이루고 살고 있다고 할 만큼 집이 여러 채 있지도 않고 많은 사람이 사는 흔적도 드러나지 않는다. 그러나 한유가 노래한 「제도원도시」에 드러난 도원은 사람들이 600년 동안 모여 살며 마을을 이룬 곳이니, 세상과 교통하지 않을 뿐이지 많은 이들이 어우러져 사는 곳이다. 바위나 골짜기 사이에 집을 짓고, 맑은 시내 흐르는 곳에 복숭아나무가 많이 있는 모습은 〈몽유도원도〉나 「제도원도시」에서나 모두 같다. 하지만, 그곳에 살며 삶을 즐기는 주체인 사람의 모습은 서로 달랐던 것이다.

어쨌든 안평대군은 이곳이야말로 말로만 듣던 무릉도원이란 말인가 감탄하며 말을 마친다. 더이상 무슨 감탄도, 설명도 없다. 보는 사람이 상상하고 그리는 대로 충분히 감상하라는 말이다.

무릉에 대한 설명은 거기에서 그치고 안평대군은 동행한 사람에 대해서 한 줄 덧붙인다.

(3) 곁에 몇 사람이 뒤따라 오고 있었는데 그들은 정보貞父 최항崔恒, 1409~1474과 범옹泛翁 신숙주申叔舟, 1417~1475 등 함께 모여 시를 짓던 이들이었다. 함께 신발을 고쳐 매고 오르내리면서 둘러보고 돌아보며 유유자적하다가 문득 꿈에서 깨어났다.[3]

경치에 대한 설명은 없고 동행자에 대한 설명뿐이다. 박팽년은 처음부터 동행했는데 나중에 보니 뒤쪽에 최항과 신숙주도 있더라는 것이다. 그렇게 넷이서 더 즐긴 후 꿈에서 깼다는 이야기다. 안평대군은 이어서 그 꿈에 대한 자신의 생각을 적는다.

(4) 아아! 사방으로 통하는 도시나 큰 읍내는 진실로 번화한 고관대작高官大爵들이 노니는 곳이요, 궁벽한 골짜기나 깎아지른 절벽은 세상을 피하여 숨은 이들이 거처하는 곳이다. 그런 까닭에 몸에 붉고 푸른 관복을 걸친 자들의 자취는 이런 산림에 이르지 않으며, 샘물이나 돌 같은 것에 정을 둔

이들은 꿈에라도 높은 궁궐 집을 그리지 않으니, 아마도 고요함과 번잡함은 길이 달라서 이치상 자연스레 그렇게 되는 것인가보다. 옛사람이 "낮에 한 일이 밤에 꿈으로 나타난다"고 하더니, 내 몸은 궁궐에 매여 밤낮으로 일을 하는데도 어떻게 꿈에서 산림에 이를 수가 있었을까? 또 어떻게 하여 도원에 갈 수가 있었을까? 나는 친하게 지내는 사람이 많은데 왜 도원을 노닐 때 이 몇 사람과 함께했을까? 내 성품상 그윽하고 궁벽한 것을 좋아하고 평소 자연을 그리는 마음이 있었으며, 이 몇 사람들과의 교유가 더욱 도타웠던 까닭에 그렇게 된 것인 듯하다.[4]

안평대군은 두 가지를 이야기했다. 하나는 다른 누군가가 아닌 '자신'이 도원의 꿈을 꾼 이유요, 다른 하나는 아는 사람이 많은 자신이 유독 몇 사람과만 도원 여행을 함께한 이유이다.

명예와 이익을 원하는 사람은 높고 큰 집이 있는 번화한 도심에 살고, 자연을 즐기는 사람은 고요하고 궁벽한 산속에 사는 것이 당연한 법이다. 이렇듯 이상과 거처는 밀접한 관련이 있는 법인데 도심 한복판 큰 궁궐에 사는 자신이 도원에 관한 꿈을 꾼 것은 그만큼 자신이 자연을 좋아하고 조용한 성품을 지녔기 때문이라는 것이다. 기록에 의하면 안평대군은 문인의 기질이 뚜렷한 사람이었다. 그는 그림을 좋아했고, 손꼽히는 명필이었으며, 뛰어난 가야금 연주자이자 훌륭한 시인이기도 했다. 내로라하는 문인들과 시회詩會도 자주 열었다. 안평대군 자신이 당대에 널리 인정받는 예술가이자 문인이었던 것이다. 거처는 비록 한양에 있지만 자신이 추구하는 가치가 거기에 있지 않음을 그는 은근한 말로 자랑했다.

다른 하나는 동행한 사람에 대해서다. 박팽년과는 처음부터 동행했고, 최항이나 신숙주도 나중에 보니 함께하고 있더라고 했다. 수많은 사람 중 꿈에서라도 하필 이들과 동행한 것은 왜일까 스스로 묻고, 평소에 이들과 더 친하게 지낸 탓이리라고 나름대로 해석해 답을 내렸다.

이제 우리는 「몽유도원기」의 맨 마지막 단락을 살펴볼 때가 되었다. 그 내용은 이렇다.

> (5) 그래서 가도可度 안견安堅을 시켜서 그림으로 그리게 하였다. 옛날부터 말하던 도원이라는 곳이 이 그림과 같은지는 모르겠지만, 후세에 사람들이 옛 그림을 구하여 나의 꿈과 비교해본다면 반드시 할 말이 있을 것이다. 꿈꾼 지 사흘 만에 그림이 완성되었으므로 비해당匪懈堂의 매죽헌梅竹軒에서 쓴다.[5]

이 단락은 〈몽유도원도〉라는 그림이 나오게 된 사연을 말한 것이다. 꿈에서 깨어난 안평대군은 꿈속에서 본 장면이 너무나 선명하게 떠올라 이것을 그림으로 남겨두고 싶은 마음에 당대 최고의 화가인 안견을 부른다. 그를 불러 자신의 꿈 이야기를 해주고 이를 그려오게 했더니 안견은 사흘 만에 그림을 완성해 바쳤다. 그림을 받아보고 기쁜 나머지 안평대군

〈몽유도원도〉 부분 | 화사한 복숭아꽃이 피어 있는 도원은 깎아지른 듯한 절벽과 폭포를 지나야 비로소 나타난다.

은 손수 붓에 먹을 묻혀 이 같은 장문의 기문記文, 즉 「몽유도원기」을 남긴 것이다.

안평대군은 기문을 남기는 데 그치지 않고 그림 첫머리에 큼직하게 제목 글씨를 써 붙였으며, 집현전 학사 등 당대 쟁쟁한 문인 스물한 명에게 이를 기리는 시詩와 문文을 받았다. 박팽년의 「몽도원서夢桃源序」, 최항의 「도원도桃源圖」 등의 글은 그래서 나올 수 있었다. 이들 여러 사람의 글을 줄줄이 이어서 그림 뒤에 붙이니 20여 미터에 이를 정도였다. 당대 최고의 문인이자 예술가로 꼽히는 안평대군의 필치로부터, 최고의 화가 안견의 그림, 그리고 최고의 문인 스물한 사람의 글씨와 글이 이 한 편의 두루마리에 다 들어갔으니 그 가치는 더 말할 것도 없다. 우리나라 역사에 큰 획을 긋는 작품이다. 그러나 안타깝게도 이 그림과 글씨 두루마리 원본은 일본의 손에 넘어가 현재 덴리대天理大에 소장되어 있다.

그림에 얽힌 사연을 살펴보았으니 이제 〈몽유도원도〉라는 그림을 읽어보자. 필자 역시 그림에 문외한이지만 〈몽유도원도〉에 얽힌 사연을 생각하며, 독자와 함께 찬찬히 그림을 살펴보려고 한다.

〈몽유도원도〉는 가로 106.5센티미터 세로 38.7센티미터로, 비단에 그려진 것이다. 가로로 길게 그려진 이 그림의 오른쪽 한 부분만 제외하면 화폭을 채우는 것은 우뚝 솟은 층층의 봉우리가 대부분이다. 복숭아나무가 가득한 그림의 저 오른쪽 부분에 가고 싶어도 동서남북 어느 곳이나 주위는 가파른 봉우리로 싸여 있으니 어디가 길인지 알 수가 없다. 봉우리마다 윗부분이 짙은 먹색이라 더욱 그 험준함이 강조되고 있는 듯도 하다. 세상 어느 누구의 방문도 허락하지 않는 곳이며, 세상 어느 곳과도 완전히 단절된 공간임이 잘 드러난다.

왼쪽 끝 부분에는 높은 산봉우리는 없고 흔히 풍경화에서 볼 수 있는 낮은 산과 물이 있다. 그렇다면 왼쪽 가장자리는 보통 사람들이 사는 속세이고 그 옆 산봉우리 우뚝 솟은 부분부터는 평범한 세계와 다른 특별한 공간임을 알 수 있다. 그리고 그 특별한 공간 깊숙한 곳에 도원이 있다. 하긴 사람들이 쉽게 갈 수 있는 곳, 밖에서 잘 보이는 곳에 도원이 있다면 그런

안견(安堅, 생몰년 미상), 〈몽유도원도夢遊桃源圖〉, 1447, 비단, 38.7×106.5cm, 일본 덴리대 소장 | 안평대군이 꿈에 본 도원을 안견을 시켜 그리게 해서 탄생한 이 작품은 일본으로 유출되어 현재 일본 덴리대에 소장되어 있다. 우리나라에서는 아주 가끔씩 이 그림을 빌려와 전시할 뿐이다.

2009년 9월 29일부터 단 아흐레 동안 국립중앙박물관에 전시된 〈몽유도원도〉를 보기 위해 인파가 몰렸다. 매일 8천 명이 넘는 관람객이 서너 시간을 기다렸다. 〈몽유도원도〉를 두 눈으로 직접 보고 싶은 간절한 마음과 함께 이번 기회가 아니면 언제 다시 볼 수 있을지 모른다는 안타까움이 사람들의 발길을 이끌었던 것이다.

곳이 어떻게 별세계로 남아 있겠는가? 그렇게 쉽게 갈 수 있는 곳이라면 꿈에 한 번 방문해본 것이 무에 그리 대단한 일이라고 이렇듯 그림까지 남긴단 말인가? 이 그림에 표현된 대로 도원이라는 별세계는 사람이 자기 뜻대로 방문할 수 없는 신비한 세계인 것이다.

평야가 펼쳐지는 곳 바로 왼쪽에 있는, 두 단으로 꺾여 흐르는 폭포를 한참 들여다보고 있으면 마치 그곳에 빠져 들어갈 듯하다. 그 폭포로 인하여 산의 높이와 깊이를 더욱 실감하게 된다. 신선들의 이야기, 특히 선녀들이 노니는 이야기 속 배경이 종종 폭포와 연결된다는 점을 생각할 때 〈몽유도원도〉 속 폭포는 맑으면서도 신선적인 분위기를 배가시키는 성싶다.

험한 산봉우리로 둘러싸인 곳에 분지인 양 펼쳐진 평원은 꽃이 활짝 핀 복숭아 나무 일색이다. 그러니 복숭아꽃 핀 곳이라는 의미의 '도원桃源'이라 부르지 않았겠는가.

복숭아나무 가득한 산속 평원 한쪽에는 초가 몇 채를 그렸다. 그러나 집만 이어졌을 뿐 사람도 가축도 없다. 움직이는 물체는 전혀 없이 정지된 듯 고요한 공간만이 보인다. 그래서 이 그림 속 도원은 고요하고 깨끗하기는 하되 따뜻하거나 활기차 보이지는 않는 공간이기도 하다.

안평대군이 꿈꾸고 안견이 표현한 이 도원이라는 공간을 정리해보자면 이렇다. 이곳은 속세와는 단절된 깊은 산속에 있어서 보통 사람들은 엿보지도 가보지도 못할 곳이다. 이곳은 수십 그루의 복숭아나무가 있는 고요하고도 깨끗한 공간이다. 세속의 때나 강압적인 그 무엇도 들어 있지 않은 고

〈몽유도원도〉 부분 | 험난한 길을 지나 마침내 안평대군은 눈앞에 펼쳐진 세상을 마주한다. 비록 꿈속일망정 그 풍경은 너무나도 아름답고 선명했다. 그것을 잊지 못해 그림으로까지 남기게 했다.

즈넉한 공간이다. 초가를 지었으니 세속의 번다함이나 화려함을 바라는 사람은 이곳을 꿈꿀 수도, 즐길 수도, 또 여기에 살 수도 없다. 세상과 떨어져 고요한 자연과 하나가 될 때 그곳은 꿈에도 그리는 참 이상세계가 될 수 있다.

자기가 살고 싶은 공간을 상상하고 이를 구체적으로 그려보는 일은 안평대군만이 아니라 많은 사람들이 해보았음 직하다. 실제로 〈무릉도원도〉 등의 이름을 붙이지는 않았어도 자신들이 바라는 공간을 그림으로 표현한 작품들이 참 많다. 이 책 곳곳에 그런 그림들을 숨겨두었으니 보물찾기 하듯 중간중간 감상하는 것도 재미있을 것이다.

이제 시야를 넓혀 우리 조상들이 상상하고 그리던 세계를 살펴보는 길을 떠나자.

키워드 속 키워드 1

한유韓愈의 「제도원도시題桃源圖詩」

중국 남북조 시절은 정치적 혼란과 거듭되는 전쟁 등으로 백성들이 육체적으로나 정신적으로나 매우 힘든 때였다. 세상이 어려울수록 현실을 잊고 자연 속에서 살고 싶은 욕망이 강해져 당시 노장사상이 유행했다. 이런 사회 분위기 덕에 도연명의 「도화원기」가 많은 이들의 사랑을 받았다. 무릉에 사는 한 사람이 배를 타고 가다가 길을 잃어 우연히 도원을 구경하고 돌아왔으나 다시는 그곳을 찾을 수 없었다는 이 이야기는 이후 많은 문인들에 의해 다시 읊조려지고, 그림으로도 그려졌다.

한유가 어느 날 그림 하나를 받았다. 펼쳐 보니 두상竇常이 그림을 그리고, 노정盧汀이 그 그림 한쪽에 시를 지어 써넣은 것이었다. 한유가 이를 감상한 끝에 느낀 감동을 시로 읊은 것이 바로 「제도원도시」이다. 이 작품은 『한창려집韓昌黎集』 3권에 실려 있으며, 『고문진보古文眞寶』 전집前集 6권에도 실려 있다. 『고문진보』는 조선시대 학자들이 많이 읽었던 책이었기에 이 작품이 더욱 널리 알려지기도 했다.

신선의 유무가 어찌 이리 허황한가	神仙有無何渺茫
무릉도원의 말은 참으로 황당하네	桃源之說誠荒唐
흐르는 물 감돌고 산은 백 번 꺾이니	流水盤迴山百轉
생비단 몇 폭 그림 당 가운데 드리웠네	生綃數幅垂中堂
무릉의 태수는 호사가이기에	武陵太守好事者
비단 위에 써서 남궁에 부쳐왔네	題封遠寄南宮下

남궁선생 기뻐하며 이것을 받아보니 南宮先生炘得之
파도가 붓에 들어와 문장을 구사하누나 波濤入筆驅文辭
글 아름답고 그림 오묘함 극치 이르니 文工畵妙各臻極
신선의 황홀한 경치 이곳에 옮겨놓은 듯 異境恍惚移於斯

바위에 나무 얽고 골짜기 파 궁실 여니 架巖鑿谷開宮室
지붕과 담장 연하여 천만 일 지내왔네 接屋連墻千萬日
진나라 망하고 한나라 선 것 듣지 못했으니 嬴顚劉蹶了不聞
땅 갈라지고 하늘 나뉨 걱정할 바 아니라네 地坼天分非所恤
복숭아나무 심어 곳곳마다 꽃이 피니 種桃處處惟開花
시내와 언덕 원근에 붉은 놀 피어오르는 듯 川原遠近蒸紅霞
처음 와서는 그래도 고향 생각을 했지만 初來猶自念鄕邑
세월 오래자 이곳이 도리어 고향마을 歲久此地還成家

고기잡이배 낯선 사람 어디서 왔는가 漁舟之子來何所
자세히 보며 의심하고 묻기도 하는구나 物色相猜更問語
큰 뱀 베어 죽여 앞선 왕조 멸망시키고 大蛇中斷喪前王
다섯 말 남쪽 강 건너 새 왕조 열었다네 群馬南渡開新主
다 듣고는 함께 서글퍼하더니 聽終辭絶共悽然
지금까지 육백 년 지내왔다 하네 自說經今六百年
당시의 모든 일 직접 눈으로 보았는데 當時萬事皆眼見
얼마나 세상에 전해질지 모르겠노라 不知幾許猶流傳
다투어 술과 고기로 대접들을 하니 爭持牛酒來相饋
예의가 같지 않고 그릇들도 다르구나 禮數不同樽俎異
달 밝은데 함께 빈 옥당에서 잠을 자니 月明伴宿玉堂空

뼈가 시리고 정신도 맑아 잠 못 이루네	骨冷魂淸無夢寐
한밤중에 금계가 소리쳐 울고	夜半金鷄啁哳鳴
태양이 솟아오르자 나그네 마음 놀라네	火輪飛出客心驚
인간세상 얽매여 머물 수 없으니	人間有累不可住
아련히 이별하는 마음 가누기 어려워라	依然離別難爲情

배를 띄워 노 저으며 한번 돌아보니	船開棹進一回顧
만 리가 아득하여 안개와 물 아스라해라	萬里蒼茫煙水暮
세속에서야 어찌 참 거짓을 알리오	世俗寧知僞與眞
지금 이를 전하는 자 무릉 사람이라오	至今傳者武陵人

안평대군의 꿈에 동행한 사람들, 역사 속 그들의 실체

박팽년과 최항, 그리고 신숙주. 이들은 안평대군의 꿈에 동행한 이들이다. 그런데 그토록 안평대군과 교분이 깊었던 이들 세 사람의 역사적 행보는 제각각이었다. 안평대군이 비극적인 죽음을 맞이하기까지, 누군가는 끝까지 그를 지켰고, 누군가는 동행하던 발걸음을 돌려 돌아서버렸다. 시간을 거슬러 올라가보자.

안평대군이 꿈속에서 도원을 본 것은 그의 나이 서른인 1447년이었다. 그후, 그의 형인 수양대군이 자신의 지지자들과 힘을 합하여 계유정난癸酉靖難을 일으켜 원로대신 김종서를 죽이고 정권을 장악했다. 이때가 단종이 즉위한 이듬해인 1453년이다. 수양대군의 입장에서 보았을 때 많은 이들의 신망을 받고 있는 안평대군의 존재는 위협적일 수밖에 없었다. 그래서 수양대군은 계유정난 당시 안평대군을 역적으로 몰아 강화 교동도로 유배 보냈다가 결국 죽여버린다.

이후 수양대군이 1457년에 이름뿐인 왕 단종을 노산군으로 강등시켜 영월로 유배 보내고 마침내 거기서 죽이는 일련의 사건이 일어나기까지, 박팽년은 끝까지 수양대군, 즉 세조에게 협조하지 않고 단종복위 운동을 벌이다가 1456년에 죽임을 당했다. 반면 신숙주와 최항은 수양대군의 편에 서서 정난의 공신이 되었다. 특히 문종으로부터 단종을 도울 것을 부탁받았던 신숙주는 오히려 단종의 처형을 강력히 주장하기도 했다.

물론 안평대군이 도원을 여행하는 꿈을 꾸고 「몽유도원기」를 쓸 때만 해도 정난이 일어나리라고는 예측하지 못했다. 더구나 몇 년 후 정난 때에 신숙주와 최항이 안평대군을 배신하고 수양대군의 편에 서리라고는 아무도 예상치 못했을 것이다. 그렇기에 「몽유도원기」에서 안평대군이 박팽년과는 처음부터 동행하고, 신숙주와 최항은 나중에 뒤에서 나타났다고 하는 것은 전율을 느끼게 하는 대목이다. 안평대군에 대해 끝까지 절의를 지킨 박팽년, 나중에 수양대군의 편으로 돌아선 신숙주와 최항이라는 구도! 꿈 이야기이지만, 알고 보면 소름이 끼치는 이야기가 아닌가. 꿈에서, 박팽년이 시종일관 안평대군과 동행했다는 것은 박팽년의 한결같은 충절과 절묘하게 일치한다. 신숙주와 최항이 안평대군의 도원행에서 일부분만 보이는 것은, 이들이 끝까지 함께 할 수 없으리라는 것을 미리 보여주는 것 같은 모습이다.

안평대군의 입장에서 보면, 이 대목은 더욱 서글프고 가슴 아프다. 안평대군의 예술적 기질과 솜씨를 사랑하여 그의 주위에는 선비, 학자, 대신, 예술가들이 많이 모여들었다. 그의 주위에는 늘 사람이 많았다. 그 수많은 사람들 중에, 안평대군 스스로 가장 절친하다고 생각했던 사람이 바로 박팽년과 신숙주, 최항이었다. 꿈에서 이들과 동행한 것이 바로 그런 의미였다고 안평대군 스스로 대답한 것이 명백한 증거이다.

실제 역사적인 사실과 각종 기록을 보더라도 안평대군과 이들 세 사람은 서로 깊이 교류하며 지냈다. 예컨대, 세종 26년1444 2월 16일 기사에는 이런 기록이 있다.

> 집현전 교리 최항, 부교리 박팽년, 부수찬 신숙주·이선로·이개, 돈녕부 주부 강희안 등에게 의사청議事廳에서 언문諺文으로 『운회韻會』를 번역하게 하고, 동궁東宮과 진양대군 이유·안평대군 이용에게 그 일을 관장하게 하였는데, 모두가 슬기롭고 바르므로 거듭 상을 내려주고 공급하는 것을 넉넉하고 후하게 하였다.(命集賢殿校理崔恒 副校理朴彭年 副修撰申叔舟·李善老·李塏 敦寧府注簿姜希顔等, 詣議事廳, 以諺文譯韻會, 東宮與晉陽大君瑈安平大君瑢監掌其事. 皆稟睿斷, 賞賜稠重, 供億優厚矣.)

안평대군을 책임자로 하여 최항, 박팽년, 신숙주 등이 같은 관청에서 한 가지 일에 열심을 다하는 모습이 드러나는 대목이다. 책 하나를 번역해 출판하기까지 그들이 함께 시간을 보내고 토론하며 슬기로 서로를 다독이는 모습이 잘 드러나는 것이다. 또 『소문쇄록謏聞瑣錄』에는 안평대군의 아들과 남지南智의 딸을 혼인 시키기로 약속하는 대목이 나오는데, 그 기사의 첫 부분은 이렇게 시작된다.

> 서하군 자심子深 임원준은 항상 고령高靈 신숙주, 영성寧城 최항과 함께 안평대군을 찾아보고 한가히 이야기하였다. 마침 이때 우상 남지南智 공이 …… 온다는 소식이 전해지니……(西河君任公子深 常與申高靈崔寧城, 謁安平大君燕居. 適右相南公智入剌……)

임원준, 신숙주, 최항 등이 항상 안평대군과 함께 앉아 즐겨 담소를 나누었음을 잘 보여주는 대목이다. 한마디로 안평대군, 박팽년, 신숙주, 최항 등은 비록 왕자와 신하 사이였으나 서로 깊은 교제를 나누었던 것이다.

하지만 훗날 그 셋 중 신숙주와 최항은, 안평을 죽인 수양대군의 편으로 돌아서고 말았다. 안평대군이 훗날 신숙주와 최항의 변심을 지켜볼 수 있었다면 과연 어떤 생각이 들었을까? 그의 글솜씨가 아무리 좋았더라도, 그 배신감과 분노와 쓸쓸함을 이루 다 표현할 수 없었을 것이다.

〈몽유도원도〉 뒤에 붙인 당대 최고 문인의 찬문들

안견이 그린 〈몽유도원도〉를 받은 안평대군은 기뻐하는 마음으로 제서題書, 머리글자와 발문跋文, 끝에 간략하게 쓴 글을 손수 쓴 후 당대 최고의 문인 21명에게 찬문讚文, 일종의 감상문을 받았다. 그래서 그림의 크기는 세로 38.7, 가로 106.5센티미터이지만 거기에 붙은 찬문까지 합하면 20여 미터에 달한다. 이것은 1453년 계유정난 때 누군가의 손에 의해 사라졌다가 1800년대 후반에 일본 유력 가문에서 소장하고 있는 것이 밝혀졌고 1939년 일본의 국보로 지정되었다. 현재는 덴리대天理大에서 소장중이며, 우리나라에서는 아주 가끔 빌려다가 전시할 수 있을 뿐이다. 가장 최근의 전시는 2009년 9월 29일부터 10월 7일까지 단 아흐레 동안 국립중앙박물관에서 있었다.

안평대군이 안견에게 그림을 그리게 한 것은 1447년이며, 명사들의 찬문을 곁들인 것은 삼 년 후인 1450년이다. 찬문을 쓴 이들은 당대 최고의 문사들이었으며, 신숙주申叔舟, 이개李塏, 하연河演, 송처관宋處寬, 김담金淡, 고득종高得宗, 강석덕姜碩德, 정인지鄭麟趾, 박연朴堧, 김종서金宗瑞, 이적李迹, 최항崔恒, 박팽년朴彭年, 윤자운尹子雲, 이예李芮, 이현로李賢老, 서거정徐居正, 성삼문成三問, 김수온金守溫, 만우卍雨, 최수崔脩의 순서로 찬문이 표구되어 있다. (이 순서는 처음 글을 썼을 때의 순서와 다르다. 일본에서 표구할 때 지금과 같은 순서로 재편집한 것이다.) 사육신에 드는 이개, 박팽년, 성삼문은 물론이요 특히 세종조부터 그 이후까지 큰 활약을 펼친 유명문신들이 총망라되다시피 했으니 〈몽유도원도〉의 가치는 이루 다 말할 수 없을 정도이다. 이 중 두 사람의 글만 소개하면 다음과 같다.

신숙주의 7언 율시 20수 중 세번째 수

안개 구름 아련히 산기슭을 감싸고　　烟蘿掩靄擁山根
동구 밖 구름 노을 항상 피어오르누나　　洞口雲霞常吐呑
때로 진 꽃잎 물에 떠오는 것을 보지만　　時見落花泛流水
도원은 어느 곳인지 알 길이 없어라　　不知何處是桃源

서거정의 7언 율시 10수 중 다섯번째 수

진작부터 신선 믿어 고상한 생각 맑았기에　　夙信天人雅想淸
무릉의 봄꿈이 더욱 분명하게 펼쳐졌네　　武陵春夢轉分明
얽히고설킨 동 어귀는 천 굽이의 길이요　　縈紆洞口千回路
뜻밖에 만난 은자는 한번 웃으며 맞누나　　邂逅山冠一笑迎
옥 섬돌 붉은 담장은 자주 가리켜 보이고　　玉砌丹墻頻指點
자갈밭 띳지붕은 또 가로 세로로 연하였네　　石田茅屋且縱橫
모시고 놀던 이는 모두 걸출한 유선들이라　　陪遊盡是儒仙傑
당시에 그림 속 다녔던 일을 기억할 테지　　記得當時畫裏行[6]

2

옛사람들이 그린 이상향의 모태, 도연명의 「도화원기」

그들이 바라는 세상은 고대광실 같은 집에서 놀고먹으면서 금은보화로 온몸과 방을 치장하는 그런 세상이 아니다. 그저 다같이 땀 흘려 뽕나무를 심어 가꾸고 농사도 지어서 그것으로 밥을 먹으면서 닭이나 개 등의 가축을 기르고 이웃과 나란히 함께 조용히 살 수 있는 세상! 그런 세상이었다. 그런 세상이야말로 세속에서 꿈꾸던 이상향인 것이다.

안평대군이 꿈에 가본 별세계가 왜 하필 도원일까? 아니 왜 그곳에는 우리나라에 많은 소나무나 전나무도 아니고 흐드러지게 꽃 핀 복숭아나무만 가득 있었을까? 그 이유는 조선 문인들이 그리는 이상향이 도연명의 「도화원기」를 바탕으로 하고 있기 때문이다.

도연명陶淵明, 365~427은 동진東晉 말기부터 남조南朝의 송宋 초기에 살았던 유명한 시인이다. 도연명은 의희義熙 원년405 11월 마흔한 살 때 팽택 현령으로 있던 중, 심양군 장관의 직속인 독우督郵가 순찰巡察을 오니 반드시 의관을 정제하고 멀리까지 나와 맞이하라는 말을 듣고는 "다섯 되 되는 쌀을 월급으로 받으려고 소인배에게 허리를 굽힐 수는 없다"면서 취임 80일 만에 사임하고 고향으로 돌아가 평생 은거한 인물이다. 이후 울타리 밑에 국화를 심고 좋아하는 술을 마시며 평생을 보냈다는 그가 고향으로 돌아가면서 지었다는 「귀거래사」는 많은 문인들의 사랑을 받은 글이다. 이 글과 함께 문인들이 상식이라 여길 만큼 널리 읽힌 글이 바로 「도화원기」이다.

도연명의 「도화원기」를 읽을 때마다 문인들은 그런 세계를 동경하며 그런 곳이야말로 이 세상과 다른 꿈의 공간, 이상향이라고 여겼다. 그런 생각을 가진 이들이기에 그들은 복숭아꽃 핀 공간을 이상향으로 꿈꿔온 것이다. 마치 노란 머리에 파란 눈으로 묘사한 예수의 초상을 익히 보아오던 사람들은 '예수' 하면 서양인의 얼굴을 떠올리는 것과 마찬가지이다. 사실 예수는 유대 땅에서 태어난 동양인인데도 말이다.

조선 사람들이 이상사회를 생각할 때 누구나 가장 먼저 떠올린다는 「도화원기」는 과연 어떤 글인가? 그런데 「도화원기」를 보다 잘 이해하기 위해 우리가 먼저 알아야 할 것이 있다. 「도화원기」가 실은 노자가 말한 이상사회의 모습을 좀더 구체화해 나타낸 것이라는 사실이다. 그렇다면 우리는 노자의 글부터 먼저 보아야 할 것이다.

> 나라는 작고 백성은 적다. 온갖 기물器物이 있어도 쓰지는 않는다. 백성은 죽음을 중히 여기고 멀리 이사하지 않는다. 배나 수레가 있어도 타지 않고, 갑옷과 무기가 있어도 쓸 일이 없다. 백성들은 결승문자結繩文字를 다시 쓴다. 그 밥은 달고 그 옷은 아름답다. 그 거처는 편안하고, 그 풍속은 즐겁다. 개 짖고 닭 우는 소리가 들릴 만큼 이웃 나라가 빤히 바라다 보여도 백성들은 늙어 죽을 때까지 서로 왕래하지 않는다.[7]

노자가 꿈꾼 이상사회의 모습이다. 온갖 기물이나 기구, 무기 등은 있어도 쓰지 않고, 오히려 온갖 문물이 인간의 삶에 해를 끼친다며 과감히 거부하는 세상을 꿈꾸었다. 개 짖고 닭 우는 소리가 들릴 만큼 조용한 세상에서 편안히 살 뿐 다투거나 호화로운 잔치를 하지 않는다. 이웃 나라나 이웃 마을을 돌아다니지 않으니 서로의 형편을 비교하여 마음이 편치 않을 일도 없고 다툼이 생길 일도 없다. 오직 작은 나라에 적은 백성이 옹기종기 모여 살면서 따로 통치자가 없어도 내면의 즐거움을 누리며 사는 세상, 그런 세상이 이상세계라고 여긴 것이다.

노자가 꿈꾼 '소국과민小國寡民', 즉 적은 백성이 모여 사는 작은 나라라는 이상세계의 꿈은 이후 중국은 물론 우리나라에까지 영향을 미쳐서 이를 구체화한 글이 하나둘 쓰이기 시작한다. 그 원류가 바로 노자의 이상향을 무릉도원으로 묘사한 도연명의 「도화원기」이다.

(1) 진晉의 태원太元 연간376~396에 고기잡이를 하며 사는 무릉武陵의 어떤 사람이, 시내를 따라 가다 길을 잃었다가 뜻밖에 복숭아꽃이 피어 있는 숲을 만났다. 언덕을 끼고 수백 걸음을 걷는데 다른 나무는 전혀 없고, 향기로운 풀만이 선명해 아름다웠으며 지는 꽃잎이 분분히 흩날리고 있었다. 어부가 매우 이상하게 여기면서 다시 앞으로 나아가 그 숲 끝까지 가보려 했다. 숲은 냇물이 발원한 곳에서 끝났는데, 거기에 산 하나가 나타났다. 산에 작은 구멍이 있는데 마치 빛이 나는 듯하므로, 어부는 배를 두고 입구를 따라 들어가보았다.[8]

첫 구절은 어떻게 하여 이 무릉도원이라는 공간에 가게 되었는가에 대한 설명이다. 무릉 지방에 사는 한 어부가 어느 날 길을 잃고 헤매다가 깊은 산속에 굴이 있는 것을 보고 찾아간 곳이 바로 무릉도원이다. 여느 곳과 다른 그곳만의 특징은 복숭아꽃이 가득 핀 숲이 있다는 것이다.

특별히 그 공간을 찾아가려는 목적이 있었던 것이 아니라 우연히 그곳을 찾게 되었음을 주목할 필요가 있다. 이상향은 방문자가 의도적으로 찾을 수 있는 공간이 아니다.

(2) 처음에는 매우 좁아서 간신히 한 사람이 들어갈 정도였는데 다시 몇 걸음을 더 가자 훤히 뚫리며 밝아지는 것이었다.

땅은 평평하고 넓었으며 집들은 깨끗하였다. 비옥한 토지에 맑은 시내는 물론 뽕나무와 대나무 등속이 있었으며 길은 사방으로 통하고 닭 우는 소리 개 짖는 소리가 들렸다. 그 안에서 사람들이 왕래하며 씨를 뿌리고 농사를 짓는 것과, 남녀의 옷차림이 모두 바깥세상 사람들과 같았다. 노인이나 아이나 모두 기뻐하며 즐거워하고 있었다.

어부를 본 마을 사람들이 매우 놀라며 어디서 왔느냐 묻기에 자세히 대답했더니 집으로 청하여 술상을 차리고 닭을 잡아 밥을 지어주었다. 마을 사람들이 이 사람의 이야기를 듣고는 모두 와서 질문을 했다. 한 사람이 말하기를,

"선대에 진秦나라 때의 난리를 피하여 처자식과 마을 사람들을 이끌고 이 외딴 곳으로 온 후 다시는 나가지 않았습니다. 그래서 바깥세상과 교제

가 끊겼지요."

하더니 묻기를,

"지금은 어떤 세상입니까?"

하는 것이었다. 진秦나라 때 그곳에 들어왔다면 그는 한漢나라가 있었던 것도 알지 못할 것이니 위魏나라나 진晉나라는 말할 것도 없는 것이다.

어부가 하나하나 자세히 알고 있는 것을 말해주니 다들 한숨 쉬며 탄식하였다. 나머지 사람들도 각기 그를 자기 집으로 데리고 가서 다들 술과 음식을 내주었다.

어부는 며칠을 머물다가 인사하고 떠나갔다. 이곳 사람들이 "바깥사람에게는 말하지 마십시오" 하였다.[9]

이 부분은 구체적으로 무릉도원에 대해 설명하고, 그곳에서의 삶을 묘사한 부분이다.

진입로! 보일락 말락 한 조그마한 굴에서부터 시작된 길은 한참 동안 험난했다. 소나 말을 타거나 배를 타고 갈 수 없는 것은 당연하고 무슨 짐이라도 들고 갈 수 없을 정도로 좁아 간신히 사람 몸 하나 지나갈 수 있을 만한 길이 이어졌다.

「몽유도원기」에서도 그곳으로 가는 길이 매우 험하고 수백 번 꺾이며 구불구불하다고 했다. 「도화원기」에서나 「몽유도원기」에서나 가는 길이 이리 험한 것은 왜일까? 당연히 도원이라는 별세계가 속세와 단절된 공간이기 때문이다. 밖에서 쉽게 들여다보이거나 속세의 사람이 쉽게 찾아가 볼 수 있는 곳이라면, 속세의 때와 더러운 권력 등이 곧 침투할 테니 말이다. 세상과 차단된 공간이라야 그 공간만의 고유성과 장점이 유지될 수 있다는 인식을 보여준다.

험한 진입로를 뚫고 그 안에 감춰진 무릉도원에 이르고 보니 그곳에는 무슨 금은보화가 쌓인 것이 아니었다. 오직 깨끗하고 고요하며 평온했을 뿐이다. 여느 시골 동네처럼 초가가 연이어 있고, 그 집마다 가축으로 기르는 개나 닭 우는 소리가 들린다고 하였다. 그곳 사람들이 화려한 옷을 입고 있었던 것도 아니다. 그렇다면 왜 바깥세상과 똑같은 공간을 이곳에 마련해 살고 있단 말인가? 이곳이 바깥세상과 다른 것은 무엇이란 말인가? 무릉도원의 사람들이 그들을 방문한 낯선 어부를 보고는 반가워하며 이야기를 나누는 부분에서 우리는 그 차이점을 짐작할 수 있다.

증언에 따르면 그들은 진나라 때의 난리를 피해서 가족들을 이끌고 마을 단위로 이주한 사람들이다. 널리 알려져 있듯이, 오랜 전쟁 끝에 천하를 통일한 진나라의 시황제는 곧바로 만리장성과 아방궁 등 대규모 토목공사를 일으켜 백성들에게 쉼 없이 일을 시켰다. 그 비용을 마련하기 위해 가혹한 세금을 거두어들였고, 강력한 법치 정책을 실시하여 다섯 가구 단위의 고발체계를 마련하기도 했다. 시황제를 이어 이세황제가 황위에 오른 후에는 간신 조고 등이 권력을 마음대로 휘두르면서 나라가 더욱 혼란에 빠져들었다. 더이상 못 참겠다며 각지에서 봉기가 일어나 전국이 전쟁

터가 되었다. 이런 상황에서 백성들만 죽어났던 것이 사실이다. 더이상 견디지 못하고 야반도주하듯 고향을 등진 채 궁벽한 곳으로 피해 다시금 촌락을 이룬 이들이 바로 무릉도원 사람들이라는 것이다.

그렇다면 무릉도원은 진나라와는 다른 세상이란 말이다. 진나라와 같은 학정虐政이 없고 가혹한 수탈이 없으며 과도한 강제 노역이 없는 것은 물론 전쟁도 없는 세상이 바로 무릉도원임을 알 수 있다. 그들이 바라는 세상은 고대광실 같은 집에서 놀고먹으면서 금은보화로 온몸과 방을 치장하는 그런 세상이 아니다. 그저 다같이 땀 흘려 뽕나무를 심어 가꾸고 농사도 지어서 그것으로 밥을 먹으면서 닭이나 개 등의 가축을 기르고 이웃과 나란히 함께 조용히 살 수 있는 세상! 그런 세상이었다. 그런 세상이야말로 세속에서 꿈꾸던 이상향인 것이다.

진나라 이후 중국에서는 항우와 유방이 각축전을 벌인 초한 전쟁을 거쳐 한나라가 세워지고 이후 위, 촉, 오 삼국으로 나뉘었다가 다시 위魏나라, 진晉나라가 들어선다. 그러나 무릉도원 사람들은 그들 조상이 살던 진秦나라를 알 뿐 그 이후로 세상에서 어떤 일이 일어났는지 전혀 알지 못한다. 세상에서도 그들을 알지 못한다. 만약 세상이 그들을 알았다면 정부의 권력이 손을 뻗쳐 세금을 걷어간다거나 관리를 파견하는 등의 조치가 있었을 것이다. 그렇다면 이 공간은 특히 정치권력으로부터의 독립을 주축으로 삼고 있음을 알 수 있다. 이는 권력의 횡포 때문에 백성들이 행복을 빼앗기고 있다는 인식을 드러내는 것이기도 하다. 그래서 그들은 지금의 행복을 유지하기 위해, 무릉도원을 구경하고 돌아가는 어부에게 자신들의 존재와 자신들이 사는 공간을 비밀로 해달라고 부탁했던 것이다.

(3) 어부는 나와서 배를 찾고는 왔던 길을 되짚어가며 곳곳에 표시를 해두었다. 군에 이르러서 태수에게 가 이 같은 사실을 말했더니, 태수가 즉시 사람을 보내어 어부가 갔던 곳을 따라가서 표시해둔 것을 찾아보게 했다. 그러나 끝내 길을 잃고 다시는 그곳을 찾지 못했다.[10]

세상과 다른 놀라운 공간을 발견한 어부는 그들과의 약속을 지킬 생각이 전혀 없었다. 무릉도원을 떠나면서 다시 올 요량으로 길에 표시를 해두었고 군에 이르자마자 곧장 자기 고장 태수를 찾아갔다고 말한다. 그러나 아무리 해도 한번 떠나온 그곳을 다시 찾아갈 수 없었다는 것이 세번째 단락의 내용이다.

(4) 남양 땅 유자기는 고상한 선비이다. 이 소식을 듣고는 기뻐하며 찾아보고자 했으나 끝내 찾지 못하여 병들어 죽고 말았다. 그후로는 마침내 그 나루는 묻는 자도 없어졌다.[11]

어느 세상에나 지금과는 다른 새로운 이상향에 살고 싶은 소망을 가진 사람들이 많다. 남양에 사는 유자기라는 선비가 이 어부의 소식을 듣고 개

인적으로나마 그곳을 찾고 싶어 이리저리 알아보고 백방으로 노력했지만 결국 그 공간을 찾지 못했다. 새 세계에 들어가고 싶은 꿈이 컸던 만큼 실망도 커서 결국 병이 들어 죽기까지 했다고 썼다.

새 세상으로 가고 싶은 꿈이 얼마나 강했으면 그것을 이루지 못한 것이 병이 되어 죽기까지 했단 말인가? 속세가 그만큼 벗어나고 싶은 고통의 공간이었음을, 그의 모습을 통해 알 수 있다. 그리고 또 한 가지! 무릉도원 같은 이상향은 실제로 그 누구도 찾지 못하고 가지 못하는 꿈의 공간임을 유자기의 모습을 통해, 그리고 그 어부와 태수의 예를 통해 알 수 있는 것이다.

찬찬히 보면 볼수록 안평대군의 「몽유도원기」에 나오는 도원과 도연명의 「도화원기」에 나오는 무릉도원의 모습은 공통점이 많다. 험한 진입로도 그렇고, 복숭아꽃 활짝 핀 자연공간도 똑같으며, 깊은 산속에 갑자기 평야가 구축되어 있다는 것도 비슷하며, 거기에 조그맣고 깨끗한 초가들이 고요히 늘어서 있는 모습 또한 흡사하다. 화려하고 휘황찬란한 모습이 아닌 자연 속에 고즈넉하게 구축된, 세상과 단절된 공간이라는 점에서 이 둘이 그리고 있는 이상향은 같다.

아니, 좀더 엄밀히 말한다면 안평대군이 그린 도원의 모습은 도연명이 묘사한 무릉도원에서 영향을 받은 것이다. 사실 안평대군이 인용한 한유韓愈의 「제도원도시題桃源圖詩」도 도연명의 「도화원기」에서 영향을 받았다. 도연명이 말한 무릉도원을 표현한 그림을 한유가 보고 그 감동을 시로 표

주신(周臣, 생몰년 미상), 〈도화원도〉 | 명나라 중기의 화가 주신 역시 험난한 절벽과 골짜기 낙락장송을 지나야 도달할 수 있는 멀고 깊은 산중에 도화원이 있는 것으로 그렸다.

현한 것이 「제도원도시」이니 말이다.

다만 도연명의 무릉도원과 달리 안평대군의 도원에는 사람이나 가축 등 움직이는 생명체가 없다. 다들 사라졌는지, 집 안 깊은 곳에 들어가 잠들어 있는지는 알 수 없으나, 그들의 모습이 전혀 드러나지 않아 쓸쓸하기까지 한 공간으로 그려지고 있다. 반면 무릉도원은 사람들이 땀 흘려 일하면서 서로 대접하고 이야기를 나누는 따뜻한 공간이다. 공간적인 특성은 영향을 받은 것이 확실하되, 그 공간에 대해 느끼는 정감은 다르다.

왕족이기 때문에 오히려 다른 이보다 더 못한 자신의 신세와 그로 인한 쓸쓸함, 형에게 가려서 결국 비극적으로 생을 마치게 되는 안평대군의 삶이 그런 변화를 만들어냈을 것이다. 몇 해 전 작고하신 오주석 선생은 이 그림은 '작가가 꿈에서 깨어 그 공간에서 나온 후'의 모습을 그린 것이기에 "작품 속에는 인적이 없으며 다시 돌아갈 수 없는 무릉도원에 대한 애틋한 정한만이 쓸쓸한 기운으로 남아 있다"고 설명한 적이 있다.[12] 필자는 이것이 옳은 지적이라 여긴다. 꿈에 그리는 공간은 중국 사람이나 조선 사람들이 공통적으로 그리는 이상향이되 그곳을 바라보는 작가의 감정이 다르게 드러난 글, 그리고 그런 그림이 바로 「몽유도원기」요 〈몽유도원도〉이다.

3

이상향, 그 다양한 이름들

조선시대 문헌을 잠시만 살펴보아도 이런 다양한 이름의 이상향이 각종 글에서 나타나는 것을 확인할 수 있다. 그만큼 그런 공간에 대한 관심이 높았던 것이다. 이런 글들은 그저 단순히 어느 공간의 이름을 적어두려고 쓴 글이 아니다. 그런 공간을 우연히 방문할 수 있었음을 감격하면서 남긴 기록이기도 하고, 누구에겐가 들은 그 공간에 들어가 살고 싶어 발버둥 치다가 결국 이루지 못했다는 안타까움의 일기이기도 하며, 언젠가 꼭 찾아가리라 생각하며 사전에 관련 자료를 다 모아 정리해둔 메모이기도 하다.

안평대군이 평소 이상향을 그리다 꿈까지 꾸었듯, 조선시대 선비들도 늘 현실과 다른 세상을 그리워하며 그곳을 찾고 싶어해 머릿속으로나마 그 공간을 구체적으로 그려보기도 했다. 그들이 찾고 싶어하고 구현하고 싶어한 공간도 도연명이 「도화원기」에서 그린 무릉도원의 모습과 비슷했다. 공간의 메커니즘이 좀더 구체적으로 드러나거나 때로 '도원'이 아닌 다른 이름으로 불린 것이 다를 뿐이다. 한마디로 말해 동양문화권의 정신사적인 면에서 볼 때 이상향에 대한 공통된 인식이 형성되어 있었다는 말이다.

이상향은 사람이 살고 싶어하는 공간으로, 서양 식으로 말하자면 유토피아이다. 유토피아는 영국 사람 토머스 모어Thomas More, 1478~1535가 그의 책 제목을 『유토피아Utopia』라고 하면서 만들어낸 용어이다. 그리스어에 연원을 둔 이 말에서 'u'는 '없다ou'는 의미와 '좋다eu'는 의미를 동시에 지닌 글자이다. 'topia'는 장소를 의미하므로 이 둘을 합치면 세상에 '없는 곳' 또는 '좋은 곳'이라는 의미가 된다. 유토피아는 세상에 실재하지 않는 환상의 세계를 나타내는 동시에 세상과 다른 좋은 곳을 뜻하는 말이다. 이중 어느 한쪽의 의미를 믿고 싶은 사람이 있겠지만, 이 용어의 의미

대로라면 유토피아란 본질적으로 누구나 바라는 세상이지만 실제로는 존재하지 않으므로 그 누구도 거기에 가거나 그곳에서 삶을 향유할 수 없는 곳이다. 무릉도원을 한 번 방문했던 어부가 다시는 그곳으로 돌아갈 수 없었던 것이나 남양 사람 유자기가 그곳을 찾을 수 없었던 것, 안평대군이 왕족이라는 권위를 이용해서도 실제로 찾아갈 수 없어 오직 꿈에서만 볼 수 있었던 것이 모두 다 그런 특성 때문이다. 본질적으로 유토피아는 꿈꾸고 그릴 수는 있으되 실체를 찾을 수는 없는 환상적인 공간인 것이다.

그럼에도 그 공간을 찾으려는 시도는 많았고, 곳곳에서 그런 공간을 구축해 살아가는 신비한 사람들의 이야기가 민중의 입에 오르내렸다. 다만 그것을 부르는 이름만 달랐다.

우리 옛 선조들의 문집이나 각종 설화에서 이상향을 가리키는 용어로 사용한 말들은 옥야沃野, 승지勝地, 복지福地, 동천洞天, 낙토樂土, 부산富山, 선경仙境 등 이루 다 세기가 어려울 정도로 많다. 옥야는 비옥한 땅을 나타내는 말이니 뛰어난 생산력을 강조한 용어이고, 복지는 아름다운 계곡이나 동굴 속 세상을 나타내는 말이다. 낙토는 낙원이라는 말에서 볼 수 있듯이 세상 힘든 것이 없는 즐거운 땅이라는 의미이며, 부산은 물자가 풍족하여 가난이 없다는 의미를, 선경은 신선이 살 만큼 깨끗하고 아름답다는 것을 강조한 말이다.[13]

그중에서도 동천에 대해서는 조금 더 이야기해볼까 한다. 동천은 본래 도교에서 신선이 모여 사는 땅을 의미하는데 속세의 때가 미치지 않은 깨끗한 공간임을 강조한 단어였다. 그러나 시대가 흐를수록 도교의 종교색은 탈색되었다. 본래 불로장생하는 '신선'은 도교적 사상을 대변하는 인물이었지만, 후대에 '신선'은 종교색 없이 그저 풍채 좋고 오래 살며 세속의 때가 묻지 않은 깨끗한 인물을 대표하는 일반명사가 되었던 것과 비슷하다. 동천 역시 세속의 때가 묻지 않은 깨끗하고 아름답고 조용한 공간을 통틀어 부르는 말로 쓰인 것이다.

전국적으로 볼 때 '동천'이라는 이름을 붙인 마을이 많이 있다. 우암 송시열이 살았다는 화양동도 본래 '화양동천'이라 불렸으며, 우리가 흔히 아는 '청학동' 역시 본래 이름은 '청학동천'이다. 인왕산에서 부암동 쪽으로 내려오는 등산로 옆 큰 바위에는 '청계동천靑溪洞天'이라 새겨져 있기도 하

무계정사 근처 바위에 각자刻字된 청계동천

다. 이외에도 전국에서 산천이 수려하다고 알려진 동네 입구나 그 근처 바위에는 으레 '무슨무슨 동천洞天'이라고 새겨져 있었다.

무릉도원 같은 이상향을 나타내는 용어를 마을 이름에 붙였다는 것은 무슨 의미인가? 서양 사람들이 세상에 '없는' 꿈의 공간이라는 의미를 강조하여 '유토피아'라는 용어를 정착시킨 것과 달리, 우리 선인들은 가까운 곳에서 이상향을 찾았다. 자신들이 사는 공간이 바로 이상향이라는, 보다 적극적이고 자부심 어린 인식을 드러낸 것이다. 자기 마을을 '동천'이라고 부르는 행위는 내 고장에 대한 자랑과 애정, 자부심을 드러낸 표현이다. 동시에 날마다 건강한 몸으로 땀 흘려 일하고 먹으면서 내가 지금 가진 모든 것에 만족하며 산다면 행복할 것이니 이런 곳이야말로 '이상향'이라는 인식을 더한 것이기도 하다.

그 외에도 지역의 특성을 좀더 드러낸 이상향의 이름도 여럿 있다. 이인로가 찾으려 했다가 결국 실패했다는, 푸른 학이 산다는 공간인 지리산 '청학동青鶴洞', 홍생이 어느 승려의 도움으로 가보았다는 배나무가 많이 있는 금강산의 '이화동梨花洞'이 있다. 이 밖에 유동지가 표류했다가 바다 어느 곳에서 발견했다는 섬 단구丹邱, 오 안찰사가 방문했다는 속초 영랑호 근처의 회룡굴回龍窟 등 이런 이름들은 셀 수 없이 많다.

조선시대 문헌을 잠시만 살펴보아도 이런 다양한 이름의 이상향이 각종 글에 나타나는 것을 확인할 수 있다. 그만큼 그런 공간에 대한 관심이 높았던 것이다. 이런 글들은 그저 단순히 어느 공간의 이름을 적어두려고 쓴 것이 아니다. 그런 공간을 우연히 방문할 수 있었음에 감격하면서 남긴 기록이기도 하고, 누구에겐가 들은 그 공간에 들어가 살고 싶어 발버둥 치다가 결국 이루지 못했다는 안타까움의 일기이기도 하며, 언젠가 꼭 찾아가리라 생각하며 사전에 관련 자료를 다 모아 정리해둔 메모이기도 하다.

안평대군은 꿈에서만 이상공간을 찾아갔다지만, 실제로 그런 이상공간을 찾아 나선 사람들은 오래전부터 있었다. 가장 이른 시기에 이상공간을 찾아 나섰던 것으로 전해지는 인물은 최치원崔致遠, 857~?이다. 신라 말 혼란하고 어려운 시절에 여기저기 방황도 많이 했던 그가 이상세계 청학동青鶴洞을 찾아 지리산 어귀를 돌아다녔다는 이야기는 여기저기에 전해진다. 물론 오래전 일이라 정확한 기록으로 남아 있지는 않지만 말이다. 오늘날 지리산 어귀 곳곳에 그와 관련한 사적이 남아 있기도 하다. 신라시대 진감선사眞鑒禪師, 774~850가 창건했다는 쌍계사 입구 양쪽에는 큰 바위가 세워져 있다. 왼쪽에는 '쌍계雙磎' 오른쪽에는 '석문石門'이라는 글씨가 선명히 새겨져 있는데, 전해지기로는 최치원이 청학동을 찾아 들어가면서 가지고 다니던 지팡이로 쓴 글씨라고 한다. 청학동에 들어가려면 석문을 통과해야 한다고 전해지던 것을 생각할 때, 그곳 어름에 청학동이 있다는 것을 보여주는 전설 같은 일화라고 하겠다. 이런 이야기들이 전해지면서 청학동에 대해 글을 짓는 문인들은, 청학동을 최치원이 노닐던 곳으로 묘사하는 경우가 많았다.

이상세계를 찾아 나선 이야기 중 문헌으로 남아 있는 가장 오래된 것은 고려시대 이인로李仁老, 1152~1220의 사연이다.

노인들의 전하는 말에, "그 안에 청학동이 있는데 길이 매우 좁아서 사람이 겨우 통행할 만하여, 엎드려서 몇 리를 지나야 넓게 트인 지경에 들어가게 된다. 사방이 모두 옥토여서 곡식을 뿌려 가꾸기에 알맞다. 푸른 학이 그 안에 서식하는 까닭에 이렇게 청학동이라 부른다. 옛날 속세를 피한 사람이 살던 곳으로, 무너진 담이 아직도 가시덤불 속에 남아 있다"고 한다.

전에 나는 이 속세를 떠나 영원히 숨을 뜻이 있어서 청학동을 찾기로 상국 최 아무개와 함께 약속하였다. 장차 대롱〔竹籠〕, 가늘게 쪼갠 댓개비로 만든 장롱에 송아지 두세 마리씩을 담아가지고 들어만 간다면, 속세와 서로 상관하지 않아도 되리라. 화엄사에서 출발하여 화개현에 이르러 신흥사에서 유숙했는데, 지나는 곳마다 선경 아닌 데가 없었다. 수천의 바위가 빼어남을 다투었고 수만의 골짜기에서 물이 다투듯 흘렀다. 대 울타리 초가지붕에 복숭아꽃이 가렸다 비쳤다 하니, 참으로 인간 세상이 아니었다. 그러나 이른바 청학동이란 곳은 끝내 찾지 못했다.[14]

평소 지리산 깊은 곳에 청학동이 있다는 말을 들어온 이인로가 사촌형인 최당崔讜, 1135~1211과 함께 마침내 속세를 떠나기로 결심하고 그곳을 찾아 나섰지만 빼어난 경치만 보았을 뿐 끝내 청학동은 찾지 못했다는 이야기이다. 이인로가 왜 속세를 떠나 청학동을 찾아 들어가려 했는지는 알 수 없으나, 그가 무신정권기에 살았던 문신이라는 사실과 당시 문신은 술로 소일하는 것 외에 특별히 할 일이 없었다는 사실을 생각해보면 그의 결심을 이해할 만하기도 하다. 송아지를 끌고 가는 것은 그곳에서 그것을 키워 농사를 지으며 다시는 세상에 나오지 않겠다는 결심의 표현이다. 그만

쌍계사 입구 최치원이 썼다는 글씨 | 위쪽은 쌍계(雙磎), 아래쪽은 석문(石門).

큼 세상에 환멸을 느끼고 오직 이 길뿐이라 생각하며 청학동을 찾았으나 결국 찾지 못했다는 이야기이다.

혹자는 지금 지리산 자락 하동 땅에 청학동이 있지 않느냐, 그렇게 엄연히 존재하는 곳을 그는 왜 못 찾았을까 하며 의아해할지 모르겠다. 그러나 오늘날 하동 땅 지리산 깊은 골짜기에 있는 청학동은 푸른 학이 산다고 전해지는 이상세계가 아니다. 다만 그 이름만 따왔을 뿐이다. 1900년대 중반 이후 '유불선합일갱정유도儒佛仙合一更定儒道'라는 종교를 신봉하는 사람들이 이곳에 집성촌을 이루어 살았다. 옛사람들의 옷차림대로 흰 한복을 입고 댕기를 늘어뜨리거나 상투 틀어 살고 있어서 여느 세상과 다른 특별한 공간인 듯한 기대를 불러일으킬 뿐이다. 오늘날은 관광객 유치를 위해 청학동 도인촌 입구에 장승을 세우고 청학 한 쌍의 상을 만들어 두었으며, 옛날 청학동을 찾아 나선 이들이 남긴 시구들을 돌에 새겨놓았지만 이상향 청학동과 오늘날 하동에 있는 청학동은 아무런 상관이 없다. 그러니 이인로가 결국 찾지 못했다는 그 청학동은 아직도 어디에 있는지 알지 못한다.

이인로 이래 이상향을 찾아 들어간 이들의 사연은 계속 이어진다. 임진왜란 등의 전쟁을 겪으면서는 이런 이들이 부쩍 더 늘었으며, 구한말까지 그러한 사람들의 이야기가 여러 문헌에 자주 소개됐다. 어떤 이들은 우연히 길을 잘못 들어 이상향에 한번 들어가봤다고 써놓았고, 또 어떤 이들은 작정하고 그런 곳을 찾아 나섰는데 결국 실패했다는 사연을 적었으며, 또 이상향에 사는 사람을 만나 끈질기게 조른 끝에 한번 길 안내를 받아 그곳에 다녀왔다는 사람도 있었다.

이수광李睟光, 1563~1628이 1614년에 펴낸 『지봉유설芝峰類說』에는 간략하나마 이런 이야기가 나온다.[15] 바닷가에 사는 어부가 풍랑에 떠밀려 6~7일쯤 표류하다가 정신을 차려보니 어느 섬에 닿았더란다. 섬에 내려서 보니 그곳은 궁궐같이 온갖 것들이 다 갖추어져 있고 깨끗하고 아름다웠다. 거기서 바둑판과 물에 젖은 푸른 짚신을 보기도 했다. 그러나 사람은 보이지 않았으므로 기이하게 여기며 놀라워하다가 다시 바람이 잦아들었을 때 돌아왔다는 것이다. 우연히 닿게 된 섬이 '세상에서는 보기 어려운 화려하고 평화로우며 아름다운 곳이었다'는 점에서 속세와 다른 별세계, 즉 이상향일 수 있겠으나 여기에 사는 이들은 속세의 사람들에게 알려지거나 그들을 만나기를 꺼렸나보다. 그러니 좀 전까지 신고 있었을 신발이 벗겨졌어도 챙기지 못한 채 급히 자리를 비운 것이리라.

조선 중기 문신 유몽인柳夢寅, 1559~1623이 어느 해 송천사松泉寺에서 법환法環이라는 승려를 만났다. 그 승려가 묘향산에 있다는 이상향을 발견한 이야기를 듣고 적어놓은 것이 『어우야담』에 있다.

일찍이 서산대사 휴정은 우리나라의 대표적인 네 산을 평가하여 "금강산은 수려하나 장엄하지 못하고〔秀而不壯〕, 지리산은 장엄하나 수려하지 않으며〔壯而不秀〕, 구월산은 장엄하지도 수려하지도 못하나〔不壯不秀〕, 묘향산은 장엄하면서도 수려하다〔亦壯亦秀〕"고 하기도 했다. 이런 극찬을 받았을 뿐만 아니라 단군신화의 배경이기도 한 묘향산에 예로부터 이상향으로 여겨지는 곳이 많다는 소문이 있었다.

법환 스님이 젊을 때, 묘향산에 별세계가 있다는 말을 듣고는 이곳을 찾아 길을 떠났다. 일주일 넘게 산을 헤맨 끝에 여드레 만에 도달해 보니, 그곳에 백여 명의 승려가 외부와 단절한 채 한 촌락을 이루어 살아가고 있었다. 땅은 비옥하여 많은 열매를 맺었고 시렁마다 곡식이 쌓인 평화로운 곳이었다. 법환은 이곳에서 한 달쯤 머물다가 돌아왔다는 이야기이다.

이상향에 사는 어떤 사람의 안내를 받은 것이 아니라, 남에게 들은 내용에 흥미를 느껴 직접 그곳을 찾아갔다는 것에서 이상향에 대한 법환의 호기심을 볼 수 있다. 앞서 말한 이인로의 경우와 비교할 때, 이상향 발견에 성공했는가 아닌가만 다를 뿐, 이야기의 패턴은 비슷하다. 다만 돌아온 후 어떠했는지에 대해 정확한 언급이 없지만, 여러 사찰을 돌아다니며 만난 지 얼마 안 된 유몽인에게 다짜고짜 이곳에 대한 이야기를 해주는 것으로 보아 그 공간을 계속 동경하며 찾아 헤맨 것이 아닌가 한다.

다음은 『청구야담』에 나오는 이야기[16]를 볼까 한다. 과거를 준비하던 권진사는 연거푸 낙방하자 과거에 뜻을 버리고 유람을 떠난다. 그러다 춘천의 한 주막에서 어느 첨지를 만났다. 그 첨지가 자기가 사는 곳을 구경하겠느냐고 했단다. 권진사는 특별한 목적지가 있는 것도 아니었던지라 따라나섰다. 첨지는 자신이 끌고 온 소에 진사를 태우더니 한참을 간 끝에 어느 마을로 접어들었다. 가보니 깊은 산속에 여러 사람들이 또다른 세상

청학동 입구 바위 글귀

청학동 입구 청학상

하동 청학동의 이모저모

청학동 마을 모습

청학동 천제당

청학동 서당

을 이루어 협력하여 열심히 일하면서 평온하게 지내고 있었다. 권진사는 첨지의 안내로 그곳을 두루 돌아보고 그곳 사람들과 함께 한 달쯤 같이 지내다가 돌아왔다. 며칠이 지나서도 그곳을 잊지 못해 다시 들어가려 했으나 도대체 어디로 가야 할지 알 수가 없었다고 한다.

배가 표류하거나 산을 오르다 발을 헛디뎌 떨어지는 바람에 이상향을 방문하는 일은 워낙 우연한 일이라 따로 말할 것이 없지만, 이상향을 찾아 들어가는 사람들의 이야기는 잘 보면 일정한 공식이 있다.

먼저 누구에겐가 이상향에 관한 이야기를 듣고는 결심을 하여 직접 그곳을 찾아 나선다. 또는 왠지 특별해 보이는 사람을 만나 이야기를 나누다가 그의 안내를 받아 이상향을 방문한다. 어느 경우에나 그 장소에 도착하기 전까지는 험한 길을 한참이나 지나가게 된다. 처음 출발할 때만 해도 그 안쪽 어딘가에 사람이 살고 있으리라고는 상상도 할 수 없을 만큼 막힌 길을 뚫고 가는 것이다. 그러나 이 경우도 둘로 나뉘는데 힘든 진입로를 다 뚫는 과정을 거쳐 이상향을 결국 찾게 되는 이야기도 있고 그렇지 못하고 끝내 돌아오는 사람도 있다. 그런 공간을 찾는 경우, 그곳에서 사람을 만나 짧게는 한나절, 길게는 몇 년 동안 지내다가 다시 자신이 살던 세계로 돌아온다. 이상향 방문은 체험자에게 깊은 인상을 남기므로 그들은 대부분 다시 그곳을 방문하고 싶어한다. 그러나 이때도 다시 이상향으로 돌아갔다는 것에서 그칠 뿐 이후에 어찌 되었다는 말이 없는 경우와, 다시 가려 했으나 아무리 헤매도 전에 갔던 길을 찾을 수 없었다는 경우로 나뉜다. 물론 후자의 경우가 대부분이기 때문에 이후로도 이상향을 찾는 발길이 계속 이어진 것이다. 이를 도식화해보면 다음과 같다.

이상향에 대해 듣거나 이상향으로 안내받음 ↗ 이상향을 찾음 ⟶ 돌아옴 ↗ 다시 이상향으로 감 / ↘ 다시 가려다 실패함
이상향에 대해 듣거나 이상향으로 안내받음 ↘ 이상향을 찾지 못함

이상향을 찾아가는 이야기의 서사 규칙

앞서 말한 이야기도, 이와 같이 정리할 수 있다. 이수광이 쓴 이야기에 진입로에 대한 이야기는 빠졌지만 나머지 요소는, '우연히 방문함 → 선계를 봄 → 돌아옴'으로 정리할 수 있다. 승려 법환이 묘향산에 있는 별세계를 방문한 이야기는 소문을 듣고 찾아간 경우로, '찾아 나섬 → 별세계를 발견함 → 돌아옴'으로 정리할 수 있다. 권진사 이야기는 안내를 받아 별세계를 방문하는 경우로, '첨지의 안내 → 선계 방문 → 돌아옴 → 다시 가려 했으나 실패함'으로 정리할 수 있다. 이상향에 관한 수많은 이야기들이 대체로 위와 같은 서사 규칙으로 쓰인 것을 알 수 있다.

우리가 관심을 갖는 것은 누가 이상향을 보고 왔는가가 아니라 그 이상향의 모습은 어떠한가, 그곳에서 사람들은 어떻게 살며 그것은 지금 우리가 사는 속세와 어떻게 다른가 하는 것들이다.

사람들은 현실에 어떤 불만을 갖고 있으므로 현실과 다른, 또다른 세상을 꿈꾸게 마련이다. 따라서 사람들이 꿈꾸는 또다른 세상은 나름대로 현

실의 문제에 대한 해결방안을 지니고 있기 십상이다.

이런 점을 염두에 두고 볼 때 서양의 이상사회는 크게 코케인Cockaigne, 아르카디아Arcadia, 천년왕국Millennium, 유토피아Utopia로 나뉜다.[17]

코케인은 꿀과 포도주 등 먹을 것이 넘쳐나고 누구나 노동에서 해방되어 환희 가운데 세월 가는 줄 모르고 사는 세상이다. 한자로 표현하면 환락국형歡樂國型이라 할 수 있다. 먹을 것에 대한 한과 노동의 고통에서 벗어나고 싶은 이들의 꿈이 담긴 것이므로 농민이나 노동자 등 가난한 사람이 꿈꾸는 가장 환상적인 공간이라 할 수 있다. 그러나 환상적인 만큼 현실에서 그런 사회를 기대하기 어려운 것도 사실이다.

아르카디아는 아름다운 풍경과 순박한 인정을 함께 갖춘 목가적牧歌的 이상향으로, 동양에서는 낙원국형樂園國型이라고 번역하기도 한다. 이곳 역시 풍요로운 곳이지만 코케인과 달리 자연과 조화를 이루는 인간의 '절제'가 있는 공간이다. 『성경』에서 말하는 에덴동산이나 중국 상고시대上古時代 삼황오제三皇五帝가 다스리던 세상이 바로 이런 유형에 해당한다. 그러므로 아르카디아를 추구하는 것은 다소 과거회귀적이라고 할 수 있다.

천년왕국은 『성경』의 「요한계시록」에서 유래한 것이다. 이 내용에 따르면 예수가 세상에 와서 왕국을 건설한 후 최후의 심판이 오기까지 천 년 동안 세상을 지배하는데, 이것을 천년왕국이라 한다. 앞으로 올 세상을 꿈꾸기 때문에 미래지향적이라는 면에서 아르카디아와 구별된다.

유토피아는 인간의 물질적 욕구를 최대한 만족시키면서도 사회제도를 통하여 인간의 본성을 통제함으로써 모두가 행복한 세상을 이룩하는 이상사회를 말한다. 유토피아는 인간의 물질적 욕구를 최대한 충족시키려 한다는 점에서 코케인과 같고, 사회 질서 유지를 위한 통제를 실시한다는 점에서 아르카디아와 유사하며, 미래 사회의 진보를 믿는다는 점에서 천년왕국과 같다. 나머지 세 유형이 제시하는 이상사회의 장점을 살리면서도 보다 구체적이고 현실적이라는 점이 유토피아의 특징이다.

중국이나 우리나라 등 동양문화권에서 이상사회로 받아들여지는 것들 역시 몇 가지 유형이 있는데, 이들은 서양과 비슷하기도 하고 다르기도 하다.

동양의 이상사회는, 모든 것이 천부적으로 충족된 신화적 이상공간인 산해경형山海經型, 도교적 이상공간이되 인간이 거주할 수 없는 신국神國인 삼신산형三神山型, 인위적 권력을 배제하여 현실 속에 이룬 이상공간인 무릉도원형武陵桃源型, 현실 속에 이룩한 유교적 이상공간인 대동사회형大同社會型으로 나뉜다.[18]

산해경형 이상사회는 완전한 신선만이 살 수 있는 곳이므로, 인간이 그런 곳을 만들거나 그곳에서 살 꿈조차 꿀 수 없는 환상적인 공간이다. 『산해경』은 중국에서 가장 오래된 신화서神話書로, 이 책에는 현실에서는 볼 수 없는 신비한 생물이 나와 노래하는 이야기도 나오고, 아무리 잡아도 고기가 줄지 않는 환상적인 연못에 대한 이야기도 나온다. 그러므로 산해경형 이상사회는 산물이 넘쳐날 정도로 풍요로우며, 모든 생물은 죽지 않는 생명력을 갖고 있고, 생물과 자연이 조화를 이루는 사회라고 하겠다. 서양의 코케인이나 아르카디아의 특징을 함께 갖추었다고 보면 된다. 역사서에서 훌륭한 임금이 통치하는 동안에 난새나 봉새가 춤을 추는 상서로운 일이 있었다고 표현하는 것은, 그 임금이 정치를 잘한 덕분에 나라가 산해경형 이상사회처럼 좋은 세상이 되었다는 것을 은근히 드러내는 것이다.

삼신산형 이상사회는 인간이었다가 불사不死의 경지에 도달한 신선 같은 존재들이 사는 공간이므로 신들의 나라라고 부르기도 한다. 본래 삼신산이란 신선이 산다는 세 산인 봉래산과 방장산과 영주산을 말한다. 이 산들은 바다 가운데 있고 그 주위의 바다는 가벼운 새털조차도 가라앉아버리는 약수弱水이므로 배를 타고 오가는 것은 불가능하다. 그곳은 오직 새처럼 날 수 있는 신비한 존재들만 갈 수 있는 곳이다. 삼신산에 있다는 불로초를 구하기 위해 진시황이 서불徐市과 동남동녀童男童女 삼천 명을 보냈지만 이들이 다시는 돌아오지 않았다는 이야기는 널리 알려져 있으므로 삼신산 역시 독자들에게 낯설지는 않을 것이다. 이상사회의 유형을 구분할 때, 삼신산형 이상사회라는 것은 이 세 산뿐만 아니라 바다나 산속, 또는 천상이라는 모든 공간까지를 포함한 뭇 신들의 거처를 말한다. 죽지 않는 신들의 나라이므로 이곳은 젊음을 간직한 신들이 사는 생명력 넘치는 풍요로운 공간이다. 그러나 이곳도 옥황상제를 정점으로 신들의 관료조직이 있는 불평등한 사회이다. 또 사람은 살 수 없는 공간이므로 이곳을 잠시 엿보았다는 사람만 있을 뿐 여기에 살았다는 사람은 없는, 실체 없는

〈도원도〉 부분 | 도원을 방문하게 된 나그네가 도원 사람들을 만나 이야기하고 있다. 주변에는 분홍빛 복숭아꽃이 흐드러지게 피어 있다.

이상공간이다.

무릉도원형 이상사회는 보다 현실적인 공간으로, 노자老子의 『도덕경道德經』에 드러나는 '인위적인 행위 없이 하는 다스림〔無爲而治〕' 사상에서 유래한 공간이다. 노자의 '작은 나라에 적은 백성이 사는〔小國寡民〕' 사회, 도연명의 「도화원기」와 안평대군의 「몽유도원기」에 드러나는 공간이 바로 이런 유형에 속한다. 노자의 '무위이치無爲而治'는 아무것도 하지 않는다는 뜻이 아니다. 당시 혼란한 동주東周 사회의 정치적 현실에서 노자는 전쟁이나 무거운 세금, 권력의 과도한 간섭과 압박, 심각한 빈부격차 등을 반

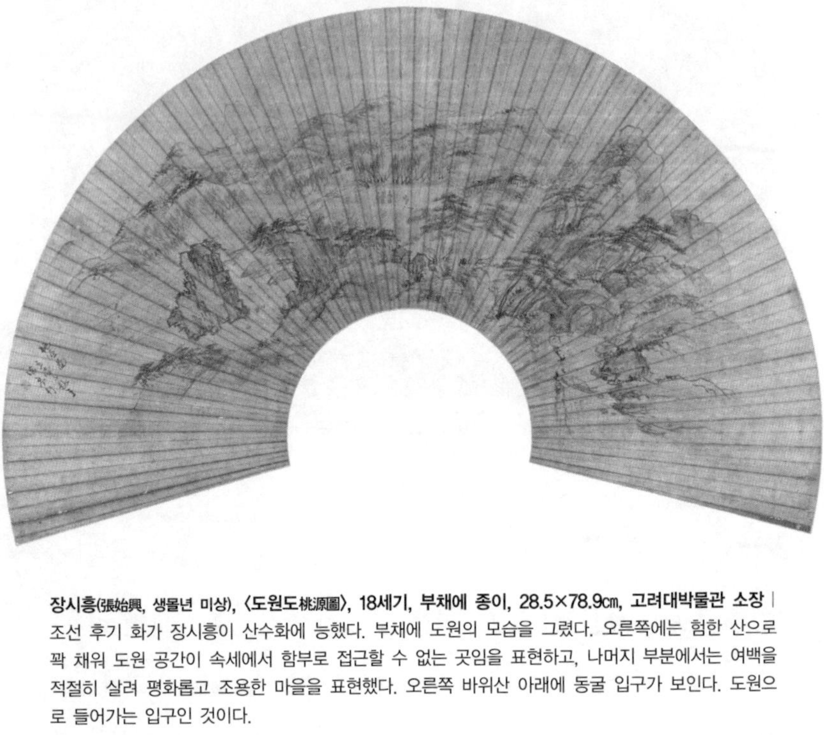

장시흥(張始興, 생몰년 미상), 〈도원도桃源圖〉, 18세기, 부채에 종이, 28.5×78.9㎝, 고려대박물관 소장 | 조선 후기 화가 장시흥이 산수화에 능했다. 부채에 도원의 모습을 그렸다. 오른쪽에는 험한 산으로 꽉 채워 도원 공간이 속세에서 함부로 접근할 수 없는 곳임을 표현하고, 나머지 부분에서는 여백을 적절히 살려 평화롭고 조용한 마을을 표현했다. 오른쪽 바위산 아래에 동굴 입구가 보인다. 도원으로 들어가는 입구인 것이다.

대한 것이다. 이런 현실관을 반영해, 국가와 정치를 강력하게 비판하는 뜻을 담은 말이 바로 '무위이치'이다. 무릉도원형 이상사회에서는 자연의 풍요로움을 누리며 그것과 조화를 이루면서 사는데, 다만 이런 사회가 산해경형처럼 천부적으로 주어진 것이 아니라 인간이 이를 적극적으로 추구한다는 점에 차이가 있다. 특별히 전란을 피하여 외부와 단절된 곳에 소규모 촌락을 구성한다는 점도 이 공간의 특징이다. 조선시대 설화나 잡록 등에 나타나는 이상사회는 대체로 무릉도원형이다.

대동사회형 이상사회는 앞의 셋과 다르게 유교적인 바탕에서 이룩한 사회이다. 공자孔子가 『예기禮記』의 「예운禮運」에서 "대도가 행해지면 천하가 공평해진다〔大道之行也, 天下爲公〕"고 말한 것에서 유래한 이 사회는 궁극적으로 요堯, 순舜 등 선대의 성군聖君이 다스리는 사회를 모델로 하기 때문에 복고적인 성향이 있다. 이런 사회에서는 사람들이 각기 자기 능력에 맞는 자리에서 열심히 일하고 모든 젊은이는 모든 노인을 자신의 부모처럼 대접하고, 모든 어른은 모든 아이를 자기 자식처럼 기른다. 남을 해치는 사람도 없고 도적도 없다. 이렇듯 대동사회형 이상사회에서는 재화財貨나 제도 등의 모든 것이 인간의 노력에 의해 바람직하게 다듬어진다. 이런 특징을 바탕으로 각종 정치사회 운동이 추진되기도 하는 등 대동사회는 매우 강한 현실 개혁의 의지를 내포하고 있다.

이 밖에도 불교적인 수행을 통해서 개인이 서방西方의 정토淨土라는 이상공간에서 살 수 있다는 미타정토彌陀淨土사상, 우리가 사는 지상에 이상

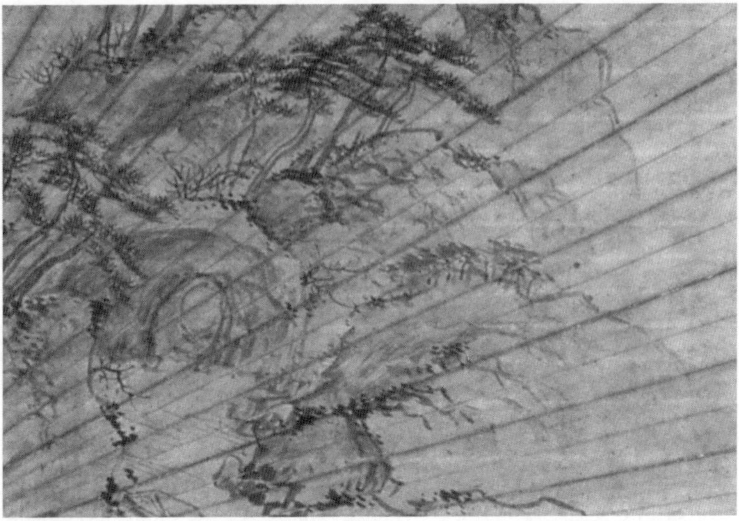

〈도원도〉 부분 | 바위산 아래에 동굴 입구가 보인다. 도원으로 들어가는 입구이다.

사회가 도래할 수 있도록 현실 사회를 개혁하려는 미륵정토彌勒淨土사상 등이 있다. 실제로 궁예는 미륵세계를 현실 속에 건설하겠다는 것을 표방해 큰 호응을 얻기도 했다.[19] 앞의 예와는 달리 이런 사회는 불교적인 이상 세계라는 점이 다를 뿐이다.

이상향의 또다른 이름들은 어떤 이야기에 나오나?

이상향을 나타내는 이름은 수없이 많다. 그런 이상향을 우연히 방문했다는 이야기도 많다. 그중 몇몇에 얽힌 이야기를 소개한다.

청학동 이인로는 평소 노인들에게 지리산 어느 곳에 속세와 다른 또다른 세상이 있다는 말을 들었다. 지리산 속으로 몸을 구부리고 수십 리를 걷다 보면 갑자기 넓은 장소가 나오는데, 그 땅은 매우 기름져서 수많은 곡식이 열린다고 들었다. 세상의 어지러움을 피해 모여든 사람들이 거기에 살았는데, 지금 그들은 어디론가 사라지고, 푸른 학만이 살고 있다고 했다. 마침 세상에 염증을 느끼던 이인로가 벗과 함께 그 '푸른 학이 살고 있다는 골짜기', 즉 청학동을 찾아 나섰지만 결국 찾지 못했다고 한다.

—이인로李仁老, 『파한집破閑集』 상권

이화동 평소 신선세계에 관심이 많던 홍생이 그런 세상을 왕래한다는 한 사람을 만나 간청한 끝에 동행한다. 깎아지른 듯한 산허리를 몇 번이나 돌고 끊어진 길을 날듯이 건너기를 한참 동안 하여 한 별세계에 이르렀다. 경치가 매우 아름다운 곳에 수십 채 집들이 나무 사이에 이어져 있는 평안한 곳이었다. 특히 골짜기 안에 배나무가 가득했고 집마다 배를 쌓아놓고 살고 있었다. 그래서 그곳을 이화동이라 부른다. 홍생은 그곳에서 한 달 정도 극진히 대접을 받은 후 돌아왔다. 속세의 짐을 정리하고 다시 그곳으로 들어가려고 했으나 다시는 그 길을 찾을 수 없었다고 한다.

—『파수편破睡篇』
「홍사문이 동악에서 별세계를 유람하다洪斯文東岳遊別界」

단구 강원도 고성에 살던 유동지는 같은 마을 사람 스물네 명과 배를 타고 나갔다가 표류하여 단구라는 한 섬에 닿게 되었다. 금잔디가 드넓게 펼쳐져 있고 끝을 알 수 없는 평야가 이어진 아름다운 그곳에서 사람들은 흰 깃털 같은 옷을 입고 세상에서 듣지도 보지도 못한 귀한 음식과 술을 먹고 마시며 행복하게 살고 있었다. 유동지 등이 거기서 며칠 묵다가 돌아와보니 세상에서는 벌써 몇십 년이 지났더라고 한다. 신선세계에서의 하루는 속세에서의 1년과 같은 시간이었던 것이다.

—『동야휘집東野彙輯』 7권,
「유동지가 바다에 표류하여 단구에 닿다劉郎漂海到丹邱」

회룡굴 광해군 때 설생은 계축년1613 인목대비 폐비 사건을 보고 세상을 등지고 홀연히 사라졌다. 그의 벗이었던 추탄이 몇 년 후에 안찰사가 되어 관동 지방 영랑호에 배를 띄워 놀다가 설생을 만나 그의 거처인 회룡굴을 방문하게 되었다. 험악한 산길과 절벽 사이를 따라 한참 들어가니 기름진 땅에 온갖 과실이 가득하고 경치가 매우 아름다운 곳이 있었다. 산봉우리의 아름다움과 각종 돌들의 기괴한 모양을 이루 다 설명할 수 없을 정도였다. 나중에 추탄이 다시 설생을 찾았으나 회룡굴은 텅 비어 있었고 설생의 종적은 알 수 없었다.

—『청구야담靑邱野談』 4권,
「오 안찰사가 영랑호에서 설생을 만나다吳按使永湖逢薛生」

4

바라는 세계, 그 구체적 메커니즘

홍생이 그 말대로 하여 산꼭대기에 이르도록 산허리를 빙 둘러 굽이굽이 난 길을 몇 리나 계속 갔더니 갑자기 길이 중간에 끊어졌다. 아래는 절벽이었고 맞은편 언덕은 몇 장丈쯤 떨어져 있었다. 승려는 한 번에 훌쩍 뛰어 건넜으나 홍 생은 두려워서 따라갈 방법이 없었다. 승려가 이에 두 소매를 걸고 언덕에 기대어 몸을 매달려 하늘을 우러러 누워서 홍생으로 하여금 몸을 날려 자기의 가슴 쪽으로 달려오게 하였다. 홍생이 어쩔 수 없이 마음을 굳게 먹고 한번 뛰니 승려가 두 손으로 안아서 위험한 곳을 건널 수 있었다. 또 구불구불한 좁은 길을 따라 돌고 돌아서 한 곳에 닿으니 이곳이 바로 별세계였다.

코케인형 사회나 산해경형 사회 등은 누구나 바라는 환상적인 공간일지는 모르나 오늘을 사는 우리네와는 너무나 거리가 있으므로 더 논의할 흥미가 일지 않는다. 그보다는 우리가 사는 오늘을 어떻게 하면 더 행복하게 만들 수 있을 것인가, 우리나라 사람들은 어떤 행복을 원하는가 등 현실적인 문제에 더 관심이 가기 때문이다. 그런 의미에서 보다 현실적인 공간이면서 조선시대에 사람들이 가장 많은 관심을 기울인 공간인 무릉도원형과 대동사회형의 특징을 살펴보자.

세상과 다른 또다른 세상, 즉 별세계別世界는 어디에 어떻게 있을까? 앞서 권진사가 어느 주막에서 한 첨지를 만나 그가 사는 곳을 구경하고자 따라갔더니 그곳이 바로 이상향이더라는 이야기를 소개했다. 기록에 그 공간의 특징을 자못 상세하게 그려놓았으니 『청구야담』 3권에 「도원을 방문하여 권생이 신선을 찾다訪桃源權生尋眞」라는 제목으로 실린 이 이야기를 중심으로 이상세계의 구체적 모습을 살펴보며 이야기를 넓혀보자.

이 이야기는 권진사가 유람을 떠났다가 어느 주막에서 첨지를 만나는 장면에서 시작하여 첨지가 권진사를 소에 태워 수십 리 아니 어쩌면 수백 리 되는 알 수 없는 길을 간 후에 어떤 특별한 장소에 도착하는 것으로 이어진다. 도착해 보니 그곳의 모습은 이와 같았다고 한다.

고개를 넘어 내려가자 어렴풋한 가운데 큰 골짜기 하나를 다 차지하고 있는 한 마을이 보였다. 닭 우는 소리 개 짖는 소리에다 다듬잇방망이 소리가 사방에서 들리기도 했다. ……다음날 문을 열고 두루 살펴보니 동네 안에 인가는 대략 200여 호戶였고, 그 앞에 넓게 펼쳐진 평야는 기름진 땅 아닌 곳이 없었다. 둘레를 물으니 20여 리라 하였다. 이곳은 세상 밖의 숨겨진 무릉도원이었다.[20]

권진사가 본 그 마을이 자리잡은 곳은 강원도 어디쯤이라는 것만 알 수 있을 뿐 타고 온 소가 몇 리를 걸었는지조차 알 수 없는 어느 깊은 산에 있다. 깊은 산과 산이 맞닿아 이룬 골짜기에 200여 호의 한 마을이 있다고 했다. 그곳의 너비는 20리 정도라고 했으니 요즘 단위로 하면 8킬로미터이다. 밖에서 보면 도저히 그 안에 그런 평지가 있을 것이라 예상하기 어려울 만큼 사방이 산지로 둘러싸여 있는 형세이므로 세상에 감추어진 곳이라 표현했다. 한마디로 권진사가 본 별세계는 깊은 산속에 있었다.

사람들은 흔히 깊은 산속에 별세계가 있다고 생각했다. 〈몽유도원도〉만 봐도 이를 잘 알 수 있다. 그림 속 우뚝한 산들만 보고 있으면 그 안에 평원이 있으리라고는 상상하기조차 어렵다.

필자가 『청구야담』에 담긴 수백 개의 이야기 중 이상세계에 대해 말한 것들을 조사해본 결과,[21] 공간적 배경을 명확히 제시하고 있는 설화의 대부분이 깊은 산속을 무대로 하고 있었다. 지역별로 보면, 총 이십여 편의 이야기 중 여섯 편이 강원도 깊은 산골을, 세 편이 경상도를, 두 편이 경기도에 있는 어느 산을 배경으로 펼쳐졌다. 충청도나 황해도, 평안도를 배경으로 하는 이야기도 각각 한 편씩 있었으며, 두 편은 전라도와 경상도에 걸쳐 있는 지리산을 배경으로 하고 있었다. 이 밖에 동해와 남해를 배경으로 하는 이야기가 각각 한 편씩이었다.

수치로 알 수 있듯이 특히 강원도를 배경으로 하는 이야기가 많았다. 이상세계가 대체로 깊은 산중을 배경으로 하다보니 깊고 험한 산이 많으면서도 사람들의 왕래가 비교적 빈번한 강원도가 많이 나타나게 된 것이다.

혹시 이 부분에서 이런 의문이 들 수도 있다. "강원도에 깊고 험한 산이 많기는 하지만 오히려 함경도에는 지금도 호랑이가 나올 만한 깊은 산이 더 많지 않은가? 그런데도 왜 강원도를 배경으로 한 이야기가 더 많은가?" 하고 말이다. 답은 간단하다. 지금은 남북 분단으로 북쪽의 이야기를 다양하게 채록할 수 없다. 또 조선시대에는 상대적으로 북쪽의 이야기가 문헌에 나타나는 경우가 드물었다. 조선 왕조는 정책상 북방 출신을 벼슬에 등용하는 것을 꺼렸으며 그러다보니 그 지역 출신 중에는 글자를 깨우친 학식 있는 인물이 적었다. 본래 문헌 설화라는 것은 글을 아는 사람이 주위에서 보고 들은 이야기에 흥미를 느껴 이를 보존해두고 싶은 생각이 들어서 써 모아놓은 것이다. 이런 점을 감안하면 북쪽 지방에서 전해지는 이야기가 문헌으로 드러날 기회는 상대적으로 적었던 것이다. 그래서 야수가 나올 만한 깊은 산은 북쪽에 많지만 그곳을 배경으로 한 이야기는 많이 전해지지 않는다. 그런 제약이 없는 남쪽 지방만을 고려할 때 깊은 산이 많은 곳은 단연 강원도이다. 한마디로, 우리 선인들은 강원도 같은 험한 산이 많은 지방 어느 어름에 이상세계가 있다고 생각하는 경우가 많았다는 것이다.

앞에서 예로 든 이야기에서도 공간적 배경은 강원도 어느 깊은 산속이다. 낯선 방문자 권진사가 이곳에 처음 왔을 때 그는 이곳의 크기와 위치, 그리고 이곳에서 들리는 소리에 대해 말했다. 폭 20리 되는 곳에 200여 호가 모여 있고 여기에 닭 우는 소리, 개 짖는 소리, 다듬이질 소리가 들린다고 했다. 밖에서는 이런 곳이 있는지 전혀 알 수 없는 독립된 곳이니 이곳은 세상과 다른 또하나의 나라, 또하나의 세상인 셈이다. 200여 호가 산다고 했으니 인구가 얼마나 될지도 예상할 수 있는 조촐한 곳이다.

여기에서 우리는 이 이야기가 노자가 말한 '작은 나라 적은 백성'이 사는 공간을 그대로 재현하고 있음을 떠올릴 수 있다. 또 노자가 소국과민의 이상사회를 말하면서 '닭 우리 소리와 개 짖는 소리' 등을 함께 묘사한 것, 수레나 기계 등 특별한 기구를 사용하지 않은 채 가축이나 막대기 등을 사용한다고 언급했던 점과 비교해볼 때 이 이야기에 그려진 이상사회는 그와 같은 맥락에서 구축되었음을 알 수 있다.

먹고사는 방식

세상을 등지고 세상이 모르는 깊은 곳으로 들어가 또다른 세상을 만든 그들은 도대체 무엇으로 먹고살까? 다시 권진사가 본 것들을 함께 보자.

벽을 사이에 둔 여러 칸의 방에서는 밤마다 글 읽는 소리가 들리므로 물으니, 동네의 젊은이들이 헛되이 놀지 않고 매년 가을 겨울이면 낮에는 일하고 저녁에는 책을 읽는데 반드시 이곳에 모여 공부한다고 했다……

"진사께서 타셨던 소는 하루에 200여 리를 갑니다. 증조부께서 이곳에 들어오실 때 데리고 왔던 소가 새끼를 낳은 것인데, 이처럼 잘 걷는 소를 매년 한 마리씩 낳고 있지요. 이웃 저자에 왕래할 때는 반드시 이 소를 타고 가 소금을 사오므로 온 마을의 소금은 바로 이 소에 온전히 의지하고 있습니다. 산짐승으로는 노루, 사슴, 산돼지, 양 등이 있답니다. 벌꿀통 300여 개가 산 아래 줄지어 놓여 있는데, 별도로 주관하는 사람은 없고 서로 양보하며 쓰고 있습니다."

……하루는 첨지가 마을 소년들에게, "오늘은 날씨가 따뜻하니 진사님을 모시고 고기나 잡으며 즐기거라" 하니, 어떤 소년은 겨와 쭉정이를 준비하고, 또 어떤 이는 끝이 뾰족한 막대기를 손에 들고서 일제히 한 못에 모였다. 물속에 겨를 풀어서 이것이 가라앉기를 기다렸다가 다들 한꺼번에 막대기를 들고 다니며 물살을 내리치는 것이었다. 그러고 나면 한 자나 되는 물고기들이 물 위에 떠올랐다.[22]

내용으로 보아 이곳은 천혜로 모든 것이 부여된 공간은 아니다. 농사를 짓고, 사냥을 하는 것은 물론 양봉도 하고 고기잡이를 하는 등 열심히 일을 하여 먹고산다. 뒷짐을 지고 앉아 하인들을 부리며 놀고먹는 사람도 없다. 일하기 싫다고 게으름을 피우며 누워서 하늘에서 떨어지는 식물食物로 먹고사는 것도 아니다.

서양의 이상사회 유형 중 코케인의 경우, 곳곳에 꿀과 포도주가 강물처럼 넘쳐흘러 누구나 원할 때에 값을 치르지 않고 그 모든 것들을 얻으며 기쁨에 찬 생활을 한다고 했다. 그런 공간이야말로 끝없는 노동을 견뎌내며 힘들게 살아가는 가난한 사람이 꿈꾸는 천국이다. 그러나 우리 선인들이 꿈꾼 이상사회는 단순히 놀고먹는 사회가 아니다. 일하는 것이 너무나 지겨워 그것으로부터의 해방을 꿈꾸는 공간이 아니다. 그보다는 모두가 함께 열심히 일하면서 노동에서 오는 풍요와 즐거움을 누릴 수 있는

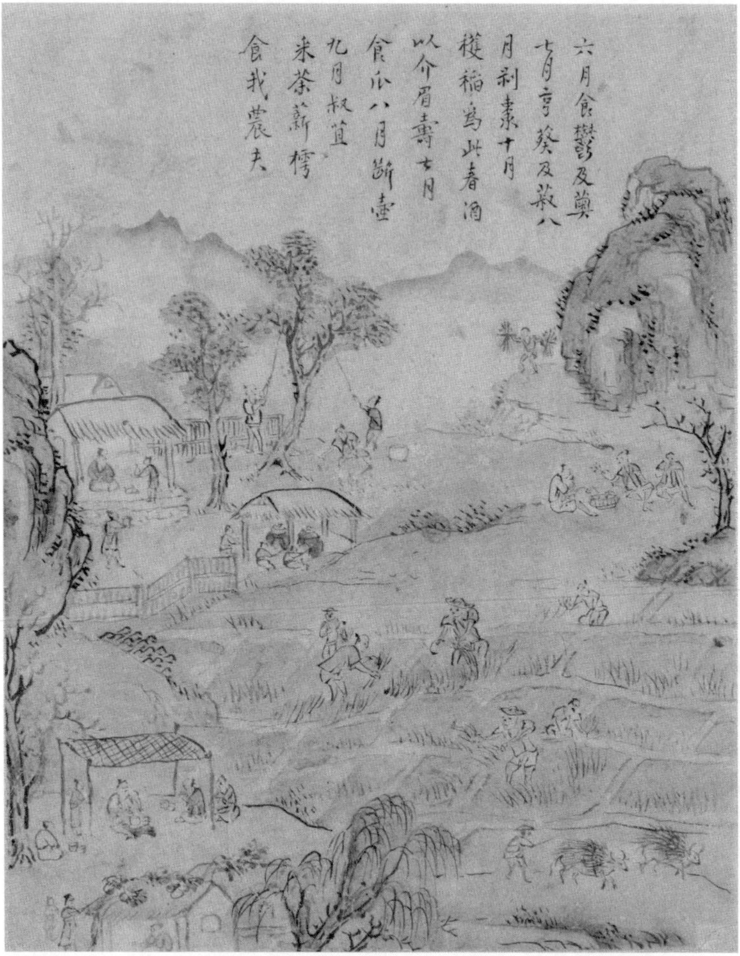

이방운(李昉運, 1761~?) 〈빈풍칠월도〉 중 제6폭, 종이, 25.6×20.1cm, 국립중앙박물관 소장 | 〈빈풍칠월도〉는 모두 8폭으로 구성되어 있다. 『시경』에 나오는 「빈풍칠월」 시를 그림으로 그린 것이다. 이 시는 주나라 주공이 조카 성왕을 위해 백성들의 농사짓는 어려움을 깨닫게 하려고 지은 것이다. 그림에는 백성들이 농사하고 누에 기르는 일에 열심인 생활상이 잘 드러나 있다. 사람들이 바란 이상세계는 이렇게 다같이 일하며 평온한 세계이다.

공간이다.

이상공간에서도 사람들은 속세와 마찬가지로 열심히 일을 한다. 그렇다면 현실과 이상세계가 다른 것은 무엇이란 말인가? 인간이 자연을 존중하고 절제해 이용하므로 자연도 그 정성에 충분히 감응하는 세상이 바로 이상공간이다.

앞에서 인용한 부분을 자세히 보자. 자연이 그 생명력을 최대한 발휘하고 사람도 자연의 법칙을 거스르는 과도한 욕심을 부리지 않아 조화를 이룬 것을 알 수 있다. 주위의 모든 땅은 심고 뿌린 대로 풍성한 수확을 거두는 기름진 땅이고 시내는 한 자나 되는 물고기를 막대기 하나로도 풍성히 잡을 만큼 맑고도 풍요롭다. 과도하게 사냥을 하지 않기에 노루나 산돼지 등이 일정하게 유지되고, 꿀을 머금은 꽃도 만발하기에 수백 개의 꿀통에 꿀이 넘쳐난다. 사람이 욕심을 부려 한 종류의 짐승을 너무 많이 잡으면 먹이사슬의 균형이 깨져서 동물의 수가 줄어든다. 사람이 욕심을 부려 한 땅에 쉼없이 농사를 지으면 그 땅은 척박해져 점점 소출을 적게 낸다. 사람이 욕심을 부려 크기를 가리지 않고 물고기를 많이 잡는 데에만 신경 쓰면 결국 시내에 고기는 남아 있지 못하게 된다. 사방에 꽃을 잘 가꾸고 잡초를 정리하며 아름답게 만들어놓으면 그곳에서 나는 꿀은 사람이 먹기에 충분하다. 나만 먹겠다고 한둘씩 쌓아두지 않는다면 부족할 리 없다. 이 공간에서는 사방이 좋은 땅이요, 시내에 큰 물고기가 가득하며, 언제든 잡을 수 있을 만큼 산짐승이 많은 것은 물론 수백 개의 꿀통에 꿀이 넘쳐난다고 했다. 자연과 조화를 이루는 인간의 절제가 있었던 것이다. 그래야 이상세계가 유지될 수 있다고 사람들은 생각했다.

기본적으로 사람들이 서로를 신뢰할 때만 이런 메커니즘은 유지된다. 나 모르는 사이에 남들이 내 것까지 다 가져가버릴지 모른다는 생각이 든다면 이런 질서는 유지되지 못한다. 한둘씩 쌓아두는 사람이 생기면 아무리 물자가 많아도 충분치 않게 된다. 그러니 이상사회의 이런 메커니즘은 상대의 인격에 대한 신뢰에 바탕을 두어 이룩되는 것이다.

논농사나 밭농사 외에 그곳에서 많이 나는 과실로 식량을 삼는 경우도 나온다. 홍생이 어느 날 특별한 사람인 듯 보이는 한 승려를 졸라 이상세계 '이화동梨花洞'에 따라가보니 그곳은 "경치가 기이하고 화려했으며 토양은 비옥하였다. 인가 수십 채에는 승려 같은 이들이 살고 있었다. 농가는 서로 접해 있고 샘이 바위를 돌아 흐르고 있었으며, 골짜기에 배나무가 가득했다. 집집마다 과실을 쌓아두고 사람들이 조용히 살고 있다"[23]고 했다. 자연의 싱그러움을 간직해 아름다운 곳, 그 비옥한 땅에 가득 자란 배나무! 거기서 사람들은 다투지 않고 조용히 자연이 내는 실과를 따 먹으면서 즐겁게 살고 있다. 여러 사람이 함부로 욕심을 냈더라면 그 세상은 얼마 가지 못했을 텐데 그곳은 평온함이 유지되는 이상향이었다고 한 것이다.

그렇다면 권진사나 홍생이 본 공간에서 특별한 도구나 법, 관리 기관도 없이 그들이 풍요로움과 평화로움을 유지한 방식은 무엇인가? 따로 관리하지 않아도 사람들이 서로 꿀을 양보하면서 같이 쓴다는 설명에서 모든 것을 알 수 있다. 자기만 잘살고 자기 것으로만 쌓아두겠다는 욕심이 없다는 것이다. 이야말로 자연의 풍요로움 속에 인간이 스스로 양보하고 절제하면서 구축한 이상향인 것이다.

이들이 그저 풍요로운 자연에서 땀 흘려 일하고 잘 먹기만 한 것은 아니었다. 추수를 마친 농한기인 늦가을부터 겨울 동안에는 그저 노는 것이 아니라 함께 모여 글을 읽는다고 했다. 마을 한 곳에 여러 칸 되는 방들이 있고 각 방에서 끊임없이 책 읽는 소리가 난다. 농한기면 다들 이곳에 모여서 글을 읽는다고 했으니 마을 서당쯤으로 생각하면 될 듯하다.

이동고네 집 청지기의 사위가 구축했다는 이상세계의 모습도 크게 다르지 않다. "올라가니 그 산 아래 끝없이 펼쳐진 평야와 광야에 기와집 몇 채와 초가 수백 칸이 있어, 닭과 개의 소리가 서로 들리는 조그마한 군읍郡邑 하나가 이루어져 있었다. …… 사람들은 봄에 밭 갈고 가을에 거두었으며, 남자는 김매고 여자는 베 짜면서, 바깥세상 소식은 듣지 않고 앉아 산중의 재미를 누렸다"[24]고 했다. 특별히 궁궐같이 으리으리한 집에서 왕처럼 놀고먹는 것이 아니라, 평범한 집에서 그저 때에 맞게 일하고 먹는 것이 바로 사는 재미라고 생각했다는 것이다.

본질적으로 이상향을 꿈꾸는 것이 그저 일하기 싫어서가 아님을 여기에서 볼 수 있다. 등 따뜻하고 배부르면 게을러지고, 게을러지면 주색잡기 등을 일삼다가 물질적 황폐는 물론 정신적 황폐까지 불러올 수 있는 것이

인간의 본성이다. 이 이야기를 통해서 살펴볼 때 우리 선조들이 바라는 이상향은 먹을 것 걱정하지 않으면서 열심히 일하고 함께 모여 글도 읽으며 늘 근면하게 사는 곳이었다. 그렇게만 할 수 있다면 그 땅이 바로 이상향이라고 여겼음을, 이러한 공간의 메커니즘을 통해 알 수 있다.

동양에서는 요임금 순임금이 천하를 다스리던 시절을 정치가 가장 잘 이루어진 이상적이고 평화로운 세상이라고 했다. 그리하여 후대에는 끊임없이 이 시대로의 복귀를 지향했다. 요순 시절을 단적으로 드러내주는 용어는 '함포고복含哺鼓腹'이다. 배불리 먹고 기쁘게 일하면서 배를 두드리며 발을 구른다는 이 말은 요임금이 들었다는 노래를 가리킨다. 요임금이 통치한 지 50여 년 만에 백성들의 사는 모습을 둘러보러 나갔더니 한 노인이 배를 두드리고 발을 구르면서 이렇게 노래 부르더란다.

해 뜨면 일어나고	日出而作
해 지면 쉬고	日入而息
밭 갈아 밥 먹고	耕田而食
우물 파 물 마시니	鑿井而飮
임금이 내게 무슨 소용이랴	帝力何有于我哉

요임금은 이 노랫말을 듣고 기뻐하며 궁으로 돌아갔다 한다.

가장 이상적인 정치는 백성이 정치의 필요성이나 그 힘을 느끼지 못할 만큼 조용하고 편안한 사회를 만드는 것임을 드러내는 대목이다. 또한 백성들은 제왕의 힘이나 횡포에 시달리지 않고 날마다 부지런히 움직이고 열심히 땀 흘려 일하며 사는 것이야말로 가장 이상적인 삶이라고 여겼음을 알 수 있다. 물론 이 노래는 후대에 어떤 작가가 지어서 요순시대 노래라고 거짓으로 덧붙였다는 주장도 있지만, 이것이 사실이든 아니든 이 노래에 드러난 세상을 동양문화권에서 널리 이상사회의 모습으로 받아들인 것은 사실이다. 사람들은 놀고먹으며 화려하고 질탕하게 즐기는 세상을 바라는 것이 아니다. 억울하게 국가에 빼앗기는 것 없이 날마다 자연과 함께 일어나고 자면서 땀 흘려 일해 먹고사는 행복한 삶을 바랄 뿐이다. 앞서 소개한 여러 이야기나 요임금 시절 불린 노래에서 드러난 모습이 모두 그렇다.

요즘은 날마다 대통령이나 정부 무슨 기관에서 무엇무엇을 했고 이것이 어떤 영향을 끼칠 것이라는 말이 어김없이 뉴스 첫머리를 차지한다. 그러나 날마다 무얼 해보겠다고 뛰어다니는 위정자들이 다시금 되새겨야 할 것이 있다. 백성은 정치적인 행위를 중시하는 것이 아니요, 조용하고 평안하며 건강한 사회를 이상향이라 생각한다는 것을 말이다.

이와 같은 무릉도원형 이상공간은 18~19세기 조선 후기까지 거의 공통적으로 드러난다. 이들은 대부분 자연과 조화를 이루면서 자연 그대로를 즐기며 사는 모습을 보였다. 노자의 소국과민형 사회에서는 배와 수레가 있어도 그것을 타고 돌아다니는 일이 없으며 갑옷과 무기가 있어도 사용할 일이 없고, 백성들은 새끼를 묶어 문자를 대신하는 결승문자를 사용한다고 했다. 이는 문명과 문자가 사회 문제를 불러온다고 여겨 이를 극단적으로 배척하며 비판한 노자의 사상에 영향을 받은 것이다. 이후 중국에서나 조선에서나 이상사회를 그린 이야기에서 특별한 기구나 제도는 일부러라도 사용하지 않았다. 기구나 제도를 이용하여 편리함과 효율성을 지향하면서 규칙을 만들고 통제를 일삼다보면 속세에서처럼 다시금 억울한 자와 빈부격차가 생기며, 권력을 휘둘러 다른 이들을 압제하는 자가 생길 것을 염려해서이다.

박지원이 쓴 소설 『허생전』에서 허생이 돈을 많이 번 후에 무인도에 도적들을 데리고 들어가서 이룩한 이상향도 마찬가지였다. 허생은 "아이를 낳으면 수저는 오른손으로 잡도록 가르치고 하루라도 먼저 난 사람이 먼저 먹도록 사양하라"는 최소한의 예의만 가르쳤을 뿐 문자도 의관도 만들지 않고 통치자도 세우지 않았다. 또 섬에서 나갈 때 자기가 탄 배만 빼고 나머지 배를 모두 불사르면서 "다른 곳으로 가지도 말고 오지도 말라"고

하였으며, 글을 아는 사람을 모조리 데리고 나오면서 "이 섬에서 화근을 없애야지"라 했다. 예의범절이란 이름으로 오히려 세상을 더 지옥으로 만들 수도 있으며, 또 이곳저곳을 오가다보면 그 세계가 알려져 또다시 더러운 속세가 하나 더 탄생할 것을 염려해서이다. 글을 아는 자들이 오히려 지식을 이용해 세상을 살기 더 힘든 곳으로 만들었음을 비판하며 그들이 없어야 참으로 좋은 세상이 올 수 있음을 강력하게 말한 것이다.

노자 이래 박지원에 이르기까지 중국에서나 조선에서나 사람들이 그리는 이상향에는 이와 같이 기계, 문명 등으로 야기된 부조리가 없는, 자연과 조화를 이루는 삶만이 존재했다. 그런데 1907년 김광수金光洙, 1883~1915

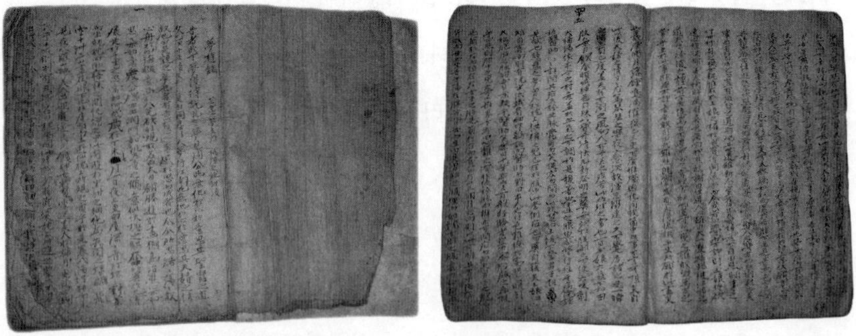

김광수, 『만하몽유록晩河夢遊錄』(친필본), 1907, 후손 김병욱 소장 | 김광수의 『만하몽유록』에서는, 작가 스스로가 꿈속을 거니는 주인공이 되어, 꿈속에서 이상국인 자하도와 중국 전역, 그리고 선계인 무릉도원과 천상, 지옥을 두루 넘나든다. 신소설이 등장하던 무렵인 1907년에 가장 전통적인 몽유록 소설 형식으로 당시 시대상을 날카롭게 풍자했다. 조선이 멸망한 이유를 분석하고, 이 상황을 헤쳐나가려는 작가의 통렬한 인식이 돋보이는 소설이다. 이 소설에서 이상세계의 자세한 형상을 볼 수 있다.

가 쓴 소설 『만하몽유록晩河夢遊錄』에는 이전과 다른 특별한 이상세계의 모습이 보인다. 이 소설에 나오는 이상공간은 주진촌朱陳村과 자하도紫霞島이다. 자하도에서는 그곳에 사는 사람들의 모습은 드러나지 않고 정치적 제도 면에서 인재 등용이 차별 없이 공평히 이루어지는 점이 주로 드러난다. 자하도라는 이상공간은 누구나 자신이 가진 재주를 다 발휘할 수 있는 세상이 이상세계라는 인식을 담은 곳이다. 그러나 여기에서 필자가 소개하고 싶은 것은 전자, 즉 주진촌이라는 이상세계이다.

『만하몽유록』에서 주인공인 나는 어느 날 잠이 오지 않아 뒤척이다가 깜빡 잠이 들었다. 꿈속에서 천상과 지하, 중국과 우리나라, 옛날부터 당시까지의 온갖 곳에 가고 여러 사람을 만나는데, 그중 주씨와 진씨 노인이 가족들을 이끌고 들어와 세상과 단절하여 별세계를 이루고 사는 어느 곳을 방문하게 된다. 역사적으로도 주진촌이라 하면 속세와 다른 유토피아의 하나로 받아들여지고 있으니, 작가가 '주진촌'이란 이름을 빌려 자신이 그리는 이상세계를 표현한 것이다.

이곳에서 주인공은 그곳 사람들이 사는 모습을 보고 여러 가지 질문을 한다. 그중 자녀 교육에 대해 물으니 주씨 노인이 "전에는 각 사람이 스스로 가르쳤으나 불편한 것이 많아서 근래에는 새로 조약을 세우고 규칙을 만들었습니다. 그랬더니 아이들을 기르고 재산을 모으며 교육하는 데 편리할 뿐 아니라 산업 경영 면에서도 일은 반만 해도 결과가 배나 되었습니다. 어떻게 하는가 하면……"[25] 하면서 자세히 설명해준다.

우선 주민들이 힘을 합하여 산모실產母室, 양아실養兒室, 남학실男學室, 여학실女學室을 따로따로 짓는다. 여인이 해산할 때가 되면 산모실에 가서 해산하고, 아이는 삼칠일三七日, 아이가 태어난 후 스무하루 만에 양아실로 보내진다. 양아실에서는 성장 정도를 판별해 아이들을 끼리끼리 모아서 먹는 양에 따라 함께 젖을 먹이는데 대체로 아이들이 배고플 때가 같아 효율적으로 아이를 기를 수 있다는 것이다. 그렇게 키우다가 세 살쯤에 말문이 트인 아이는 유학실幼學室로 보낸다. 이곳에서는 나이든 어진 스승이 좋은 말과 글로 교육을 한다. 남녀가 유별한 사회이기도 하고 남녀가 하는 일이 각각 다르기도 하니 여섯 살이 되면 남자는 남학실로 보내고 여자는 여학실로 보내 지혜로운 정도에 따라 인도함으로써 그 수준에 맞게 나아가게 한다. 이렇게 10년이 지나면 각기 집으로 돌아가 자신의 일에 종사한다는 것이다.

이상사회를 그린 작품에서 '편리'와 '효율'을 따지는 것은 우리나라 고전의 역사를 볼 때 드물게 보이는 특별한 예이다. 앞서 말한 대로 문명과 기계에 심각한 거부감을 표현한 기존의 이상사회 논의에 비할 때, '불편한 것이 많아서' '조약과 규칙'을 만들었다는 주씨 노인의 말은 놀라운 예이다. 제도를 평가하면서 "힘은 덜 들이면서도 효과는 배나 나타나 재산을 모을 수 있었다"고 하는 것을 보면 이미 주진촌이란 이상향에는 재산의 증식과 소유, 노동의 어려움 등에 대한 인식과 이에 대한 대처가 드러나 있음을 볼 수 있다. 근대사회를 거쳐 개화가 되면서 시계나 전화, 병원, 학교 등의 문물을 접한 후로는 사람들이 그리는 꿈의 공간 역시 자연스레 조금씩 달라지게 된 것이다.

그럼에도 이 공간에 없는 것이 있다. 바로 왕이다. 통치하는 사람이 있어야 하지 않겠느냐는 질문에 노인은 "여기 사는 사람들은 풍속이 순박해서 인위적으로 다스리지 않아도 교화되므로 통치자가 필요 없습니다"라고 답한다. 문명의 발달로 얻게 된 편리함은 받아들이지만, 권력은 행복을 해치는 독이 된다는 인식만은 여전한 것이다. 권력자의 압제와 수탈은 여전히 '제발 없어졌으면' 좋겠다는 간절한 바람이었던 것이다.

주진촌의 출산, 육아, 교육 제도는 요즈음 말로 하면 산부인과 병원을 찾아 출산을 하고 탁아소에서 아이를 키우며 초등학교나 중학교까지 의무교육을 실시한 후 능력과 취미에 맞게 대학교육을 시켜 각자 취업을 하게 한다는 것이다. 그러고 보면 지금 우리가 사는 세상은 1900년대 초 김광수라는 시골지식인이 그리던 이상세계의 모습을 완전히 성취한 유토피아이다. 그런 유토피아에 사는 우리는 이곳이 유토피아라고 전혀 생각하지 않으면서 또다른 유토피아를 꿈꾸고 있지만 말이다.

우리가 세상을 떠난 이유

그러면 사람들은 언제 속세를 떠나 궁벽한 곳에 들어가며 왜 세상과 단절된 곳에 새로운 거처를 마련했을까? 다시금 『청구야담』 속 권진사와 첨지의 말에 귀를 기울여보자. 첨지가 이렇게 설명했다.

"우리는 특별한 사람이 아닙니다. 선대는 본래 고양高陽에 거주하셨는데, 우리 증조부께서 마침 이곳을 얻어 고향집을 철수하고 들어왔습니다. 그때 성이 같은 먼 친척, 지친至親과 외가, 처가, 친족 무리, 그리고 사돈을 맺은 집안 중에서 따라오기를 원했던 이들을 포함해 총 30여 가구가 함께 들어왔습니다. 일단 이곳에 들어온 후에는 세상과 왕래하지 않기로 상의해 결정하고, 약간의 경서經書와 소금, 간장만을 가지고 왔습니다. 한쪽 편에 개간한 땅을 밭으로 만들어 식량을 마련했고, 우리 중에 있는 모든 친족들이 혼인해 대대로 서로 인척관계를 맺어 주진촌을 이루었습니다."

첨지와 그 가족 친지 등이 산속에 들어온 이유를 분명히 밝히지는 않았다. 그러나 애초에 들어오면서부터 세상과 왕래하지 않기로 했다는 것으로 보아 많은 가족들이 조상 대대로 살아온 터전을 훌쩍 떠날 정도로 상당한 충격을 받을 만한 결정적 사건 등 특별한 계기가 있었을 것이라고 상상하기는 어렵지 않다. 주진촌은 옛날 중국 서주徐州에 주씨朱氏와 진씨陳氏가 자신들만의 공간을 만들어 대대로 서로 혼인하며 살았다는 곳으로, 이후 무릉도원과 함께 이상향을 나타내는 대명사로 쓰였다. 주진촌 사람들처럼 혼인조차도 각 집안끼리 통혼할 만큼 세상과 완전히 단절된 삶을 살았다는 것이니 거기에 어찌 단순한 사연만 있었으랴. 요즘 같으면 댐 건설로 고향이 수몰되었다거나 살던 지역 땅값이 갑자기 올라 그것을 파느라고 그랬다고 할 수 있겠으나 그것은 요즘에나 해당하는 말이다. 그저 이상향에 대한 호기심 때문이었다면 굳이 세상과 연을 끊겠다고 결심할 필요도 없겠고, 들어와서 직접 개간을 하며 터전을 가꾸는 수고부터 했을 리도 없으니 좋은 이유 때문에 그들이 움직였을 리가 없는 것이다. 속세와 왕래하지 않기로 했다는 것은 그만큼 속세가 완전히 잊거나 피하고 싶을 만큼 어지럽고 힘들며 자신들의 바람과 어긋나는 공간이었음을 알려준다.

이상향을 찾아 떠나는 다른 이야기들을 통해 좀더 구체적인 이유가 될 만한 것들을 추정해볼 수 있다.

『청구야담』의 「깊은 골짝에서 하늘의 별을 보는 이인을 만나다覘天星深峽逢異人」에서는 경성의 한 선비가 함경도에서 산속 지름길로 가다가 길을 잃어 우연히 산속에 수백 인가가 모여 사는 또다른 세상에 들어가게 된다. 그곳에서 만난 노인이, 자신들이 그곳으로 들어오게 된 연유를 설명하면서 "우리 몇대조께서 더럽고 시끄러운 세상을 싫어하여 뜻을 같이하는 사람 대여섯을 이끌고 이곳에 자리잡은 이래 거의 백여 년이 흘렀습니다. …… 밭 갈아서 먹고 베 짜서 입으니 시비是非할 것이 없고 세금도 내지 않습니다. 다만 나뭇잎이 지면 가을이라 여기고 꽃이 피면 봄이라 생각한답니다"라고 한다. 더럽고 시끄러운 세상을 피했다고 하면서 정작 예로 든 것은 열심히 일해서 먹고 까닭 없는 시비에 휘말리지 않으며, 가혹한 세금

안중식(安中植, 1861~1919), 〈도원행주桃園行舟〉, 1915, 143.5×50.7cm, 국립중앙박물관 소장 | 20세기 초에 서구 열강과 일제에 의해 어려워진 사회에서 벗어나 오히려 옛 도원을 그리는 경향이 있었는데 그 대표자가 안중식이다. 이 작품은 매우 섬세한 터치로 산세를 구성한 것이 특징이다. 뒤쪽 산 밑에 도원의 입구인 듯한 동굴이 보인다.

에 시달리지 않는 점이었다. 그렇다면 더럽고 시끄러운 세상이라는 것의 의미는 가혹한 수탈 등 '권력'의 부패와 관련된 것임을 알 수 있다. 놀고먹으며 화려하게 살려는 것이 아니다. 그저 열심히 일하면서 거기에서 나는 것으로 맘 편히 살 수 있는 곳이면 그곳이 이상향인데, 세상에서는 그 조그마한 바람조차 이룰 수 없기에 또다른 세상을 꿈꾸는 것이다.

이와 관련하여 유몽인이 기록한 다음 이야기는 자못 심각한 현실을 보여준다.

> 가정嘉靖 융경隆慶 연간1522~1572에 한 백성이 송아지를 등에 지고 길도 없는 골짝으로 들어가니 관리가 도망치는 백성이라 여겨 끝까지 따져 물었다. 그 백성은 말하기를,
>
> "깊은 산속에 비옥한 들이 있다고 합니다. 그곳은 워낙 깊어서 소나 말이 갈 수는 없으므로 망아지나 송아지를 짊어지고서야 들어간다고 하니, 이것을 가져다가 앞으로 키워서 쓰려고 합니다"
>
> 라 했다. 관가에서는 군관을 보내 따라가서 그 길을 알아두게 했으나, 험한 곳을 지나며 오른 지 며칠 만에 그 백성 등은 길을 잃어버렸다. 관가에서는 그 백성이 일부러 알리지 않으려 한다 하여 그를 죽여버렸다.[26]

비록 짧은 이야기이지만 이것에 담긴 현실은 심각하다. 누가 속계를 떠나려 하는가? 힘없는 한 백성이 세상을 버리고 산속으로 들어가려 했다.

그곳에서 호의호식하며 왕처럼 살아보려 한 것도 아니다. 그저 농사지으며 살고 싶었을 뿐이다. 송아지를 지고 가는 모습에서 이를 볼 수 있다. 그렇다면 세상은 그저 욕심 없이 농사나 지으며 먹고살려는 사람들조차도 받아들이지 못하는 곳이라는 말이다. 관원이 그 백성을 보자마자 세금을 납부하지 않으려, 또는 그 밖의 것으로부터 피하려 도망간다고 여긴 것을 통해 당시 유리하는 백성이 얼마나 많았을지, 관의 횡포는 얼마나 심했는지도 짐작할 수 있다. 그 백성은 산속 어느 곳에 이상세계가 있는지 정확히 알지도 못했지만 송아지를 지고 선뜻 길을 나섰다는 점에서 그가 살고 있는 세상이 얼마나 힘들었는가를 엿볼 수 있다. 한마디로 사람들은 목숨을 걸고서라도 학정과 수탈이 없는 곳을 찾아 떠난다. 이상향을 찾아 떠나는 이유는 그런 학정과 수탈을 견디지 못해서이고, 이상향은 바로 그런 것 없이 편히 일해서 먹고살 수 있는 세상이다.

『동문선東文選』 6권에는 이규보와 함께 문명文名을 떨쳤던 고려 때 문인 매호梅湖 진화陳澕, 1180년경~?가 쓴 장편시 「도원가桃源歌」가 있다.[27] 작품 앞부분에서 일반적으로 알려진 무릉도원의 사연과 모습을 쓰고는 뒷부분에 가서 이렇게 적었다.

안타깝다, 백성들 먹고살 일 나날이 힘든데	所恨居民産業日零落
고을 아전은 쌀 내놓으라 대문을 두드리네	縣吏索米長敲門
바깥일로 찾아와서 괴롭힘만 없다면	但無外事來相逼

산 마을 곳곳마다 모두 도원일 텐데　　　　山村處處皆桃源

앞에서 아름다운 도원의 사연을 쓰고, 뒤이어 관리라는 자들이 와서 세금 독촉을 해대는 일만 없다면 세상 어디든 무릉도원이라는 말을 붙이니 두 가지 내용이 대비되면서 당대 사회에 대한 신랄한 비판이 되었다. 앞서 그린 도원의 모습이 평화롭고 부러울수록 뒷부분에서 이어지는 관리들의 횡포는 읽는 이로 하여금 커다란 분노를 불러일으킨다. 관리들의 수탈만 없다면 산촌 모두가 무릉도원이라 했으니, 사람들이 속세를 등지고 이상향을 찾아 떠나는 이유가 바로 권력의 학정과 수탈 때문임을 보다 명확히 알 수 있다.

조선 중기의 사람들은 나라 안팎으로 난리를 많이 겪었다. 특히 임진왜란과 병자호란이라는 큰 전쟁을 겪으며 수많은 사람이 죽고, 가족이 흩어졌으며, 토지나 집이 모두 폐허가 되는 등 심각한 상황을 겪었다. 그런 참혹한 전쟁을 겪은 후로는 목숨의 위협으로부터 벗어날 수 있는 곳이 바로 이상향이라는 인식이 확산되었다.

이희평李羲平, 1772~1839이 편찬한 『계서야담溪西野談』에는 영남 어느 고장에 사는 선비가 늦게야 아들 하나를 얻어 며느리를 들이는 이야기가 있다. 뛰어난 치산 수완을 발휘해 열심히 일하던 며느리가 넉넉해진 가산을 연이은 잔치 등으로 탕진해버리고는 온 가족을 산꼭대기에 있는 자신의 친정 근처로 옮겨 살게 했다. 어느 날 선비가 산꼭대기에서 바깥세상을 내려다보니 임진왜란으로 세상이 소란스러웠다. 알고 보니 며느리는 머잖아 전쟁이 일어날 것이라 예상했지만 아무 이유 없이 그냥 이사를 가자고 하면 안 따라줄 것 같아서 재산을 다 써버린 후 가족을 이주시켜 온 가족의 목숨을 보존하고 전쟁이 진행되는 동안 편안히 살게 한 것이었다. 목숨을 보존하며 살 수 있었던 그곳이야말로 무릉도원이 아니겠느냐는 이야기[28]이다.

『청구야담』에도 비슷한 인식이 드러나는 이야기가 있다. 이동고가 자신의 청지기를 위해 괜찮은 사위를 얻어주며 그 사람에게 자기 가솔을 부탁했다. 몇 년 뒤 그가 거처를 옮기자고 하므로 그 말대로 했다. 나중에 그 사람이 "금년 4월에 왜구들이 대거 우리나라에 들어와 사람들이 모두 어육魚肉, 짓밟고 으깨어 결딴난 상태를 이르는 말이 되었습니다. 한양도 침략을 당하여 임금께서는 지금 의주에 머무르고 계십니다. 이와 같은 때에 한양에 거처하셨다면 목숨을 보존할 수 있었겠습니까. …… 대감님께서 몸소 저의 누추한 거처에 오셔서 나라의 운명을 근심하시며 집안 가솔들을 부탁하셨던 까닭에 제가 몇 년 전부터 여러 해 동안 경영하여 이 하나의 무릉도원을 만들어두었습니다"라고 하였다.[29] 또 가난을 참으며 몇 년간 『주역』만 읽던 선비 이생이 어느 날 고생하는 아내를 보다 못해 세상에 나가 돈을 벌어온 후 어느 곳으로 거처를 옮기는 이야기의 끝에도 이런 부분이 추가되어 있다. "임진년 난리에 사람들은 어육이 되었지만 이생이 살던 마을만은 병화兵火를 겪지 않았으니, 이곳을 산속의 무릉도원이라고들 한다."[30]

두 이야기 모두 특별한 능력이 있는 사람으로 인식되던 아무개가 산속에 한 촌락을 개척했으며 그곳에서 전쟁의 화를 피할 수 있었으니, 그곳이 곧 무릉도원이었다는 이야기이다. 조선 전기의 이야기를 묶어놓은 것이 중기에 나온 『어우야담』이고, 조선 중기의 이야기를 묶어놓은 것이 후기에 나온 『청구야담』이라는 것을 볼 때 이상향에 대한 인식의 변화를 감지할 수 있다. 전자에는 그런 이야기가 전혀 없다가 후기의 야담집에는 목숨을 보존할 수 있는 곳이 곧 무릉도원이라고 설명한 이야기가 여럿 나타난다. 보신처가 다름 아닌 무릉도원이라는 인식은 전쟁을 겪으면서 갑자기 형성되어 이후 계속된 혼란 가운데 굳어진 것 같다.

임정수林正秀가 충청도 갑산에 구축했다는 태평동太平洞[31]에 대한 기사를 보면, 그곳으로 들어가는 험한 입구와 그 안의 아름다운 자연에 대한 설명을 늘어놓은 끝에 "국세國稅도 없고 병화兵禍도 미치지 못하는 곳이기 때문에 태평동"이라고 하였다. 한마디로 이런 공간을 구축한 이유가 국가의 가혹한 수탈과 전쟁의 위협 없이 생명의 안정을 누리기 위함이었음을 말한 것이다.

요컨대 사람들이 속세를 떠나 새로운 세상을 구축하려는 이유는 크게 둘로 나뉜다. 하나는 국가 권력으로부터, 또하나는 전란으로 인해 야기된 생명의 위협으로부터 도피하기 위해서이다. 이러한 이유로 세상과 단절한 또다른 세상이 구축되는 것이다.

개똥밭에 굴러도 오래 살고 싶다

생명의 위협으로부터 안전할 수 있는 곳이 곧 유토피아라는 인식과 관련해 우리 선조들이 강하게 드러낸 바람이 있다면 그것은 장수에 대한 소망이다. 노인이 얼른 죽고 싶다고 하는 말은 장사하는 사람이 밑지고 판다는 말처럼 새빨간 거짓말이라는 이야기도 있고, 개똥밭에 굴러도 이승이 낫다는 속담도 있다. 중국이라는 큰 나라의 절대 권력을 가졌던 진나라 시황제나 한나라 무제 역시 늙는다는 것에 대한 두려움과 죽고 싶지 않다는 소망으로 불사약을 찾으러 수많은 동남동녀와 술사術士들을 각지에 보내기도 했다. 오래 살고 싶은 소망이 만인의 공통된 바람이었음은 더 말할 필요도 없는 것이다. 속세와 다른 별천지, 이상향에도 이런 바람이 투영되어 있다.

수명은 시간의 문제와 연관된다. 시간이 더디 흐르거나 정지되어 있는 만큼 우리는 더 오래 살게 되는 것일 게다. 『청구야담』 3권의 「권생이 도원을 방문하여 신선을 찾다訪桃源權生尋眞」부터 살펴보자. 권진사는 하루 200리를 간다는 소를 타고 별세계에 들어갔다. 이 소가 비록 하루 200리를 간다고 하지만 아무도 그 고장과 세상의 정확한 거리를 모르고 아무도 왕래에 성공한 적이 없다. 다만 아무개 첨지만이 이 소를 타고 잠깐 세상에 왔다간다. 즉 소의 움직임을 통해서 속계의 시간과는 다른 이상향만의 시간이 흐르고 있음을 보여주는 것이다.

다음은 『동야휘집』 3권, 「진학구가 굴을 알려주어 화를 피하다陳學究指窟避禍」의 일부분이다.

일어나 점점 안으로 들어가니 아름다운 경치가 펼쳐져 있었고, 그곳에서 세 노인이 바둑을 두고 있었다. 고씨가 이르러도 돌아보지 않은 채 바둑을 계속 두었고, 고씨는 멈춰 서서 그것을 보고 있었다. 바둑이 끝나자 노인이 물었다. "손님은 어떻게 여기에 오셨소?" 고씨가 굴 속에서 떨어져 길을 잃었다고 말하자 노인이 말했다. "이곳은 인간세상이 아니므로 오래 머물 수 없소. 내가 데려다주겠소." 이에 고씨는 노인에게 이끌려 굴 아래에 이르렀는데, 구름이 옹위함이 마치 평지를 밟고 있는 듯했다. 마치 가을인 듯 나뭇잎이 노랗게 물든 것을 보고는 크게 놀라 말하기를 "내가 겨울에 왔는데 어찌하여 변하여 가을이 되었는가" 하였다. 집으로 달려가니, 처자가 한편으로 놀라고 한편으로는 기뻐하였다. 고씨가 위로하고는 물으니, 아내가 말하기를 "당신이 가신 지 삼 년이 되어도 돌아오지 않으시기에 허장虛葬을 지내려던 중입니다" 하였다. 고씨는 탄식했다. "기이하다! 잠시 머물렀던 것뿐인데……"[32]

의사인 고옥성은 거지 진학구의 상처를 치유해준 것을 계기로 그와 교유했는데, 진학구는 고씨의 수명이 얼마 남지 않았다며 서산으로 가 화를 피하라고 했다. 그의 말대로 서산으로 가다가 발을 헛디뎌 굴 속에 떨어졌는데, 그곳은 세상과 다른 또다른 세계였다. 그곳에서 노인들이 바둑 한 판 두는 것을 구경하고 왔을 뿐인데 속계에서는 이미 삼 년이라는 시간이 흘러 있었다고 한다. 그런 시간의 흐름에 놀라고 어리둥절해하는 모습까지 잘 드러나 있는 이야기이다.

『청구야담』 3권, 「유씨가 바다를 표류하여 단구에 가다識丹邱劉郎漂海」에서는 유동지 등이 표류하다가 우연히 단구라는 섬에 구축된 이상세계에 들어간 이야기가 나온다. 며칠을 쉬다가 돌아가려고 하니 그곳에 있는 사람이 그들을 말리면서 "이곳의 하루는 인간 세계의 1년입니다. 여러분이 표류해온 때부터 지금까지 이미 50일이 지났으니, 비록 집으로 돌아가더라도 모두 생소할 뿐 아니라 집안 식구들도 모두 죽었을 것이니……" 하더란다. 가족이 걱정할 것이라는 생각과 그들을 보고 싶은 마음에 말리는 이들과 애써 이별하고 각각 집으로 돌아갔는데 세상에서는 이미 50여 년이 흘러버려 자신들의 집에 생면부지의 사람만 살고 있었다. 이상세계에서의 50일이 속세에서는 50년이었다. 그렇다면 이상세계에서 일흔까지만 산다 해도 우리는 몇 년 동안 사는 장수를 누리는 것인가? 이상세계란 정말 장수의 꿈을 이룰 수 있는 곳이다.

『동야휘집』 8권, 「땅강아지 세계에서의 백 년 세월百年光陰螻蛄郡」[33]에서는 패성 선비 황일덕이 낮잠을 자고 있을 때 군군郡君, 어떤 한 지역을 다스리는 최고권력자이 찾는다며 어떤 사람이 그를 부르러 왔다. 그가 가면서 보니 한 겨울에 시내가 흐르고 연꽃이 피어 있었다. 안내자의 설명에 의하면 그곳은 조선에서 1만 7천 리 떨어진 곳으로 하루가 한 해이며, 아침이 봄, 낮이 여름, 저녁이 가을, 밤이 겨울이었다. 황생은 그곳에서 공주와 결혼해 아영을 낳고 보름 만에 자식의 관례를 치르고 살다가 군주가 죽자 그가 대신 62년간 섭정을 했다고 한다. 그러다 문득 집에 가고 싶어져 공주의 만류를 뿌리치고 돌아와보니, 황생이 술 취한 후 두 달 동안 깨어나지 않았다며 온 가족이 그가 누운 주위에 둘러앉아 있었다. 별세계에서는 벌써 62년이 지났는데 속계에서는 단지 두 달이 지났을 뿐이니, 선계와 다른 별세계의 시간 차이가 극명히 나타나고 있는 이야기이다.

이 밖에 속계와는 다른 별세계의 시간 흐름을 보여주는 이야기가 여럿 있다. 『기문총화』 4권, 「서계 남진 이야기南西溪趁」[34]에서, 남진은 어려서부터 기이하여 숲속의 정사精舍, 정신이나 학문수양을 위해 한적한 곳에 지은 집에서 보통 사람과 무언가 다른 특별한 사람, 즉 이인과 만나곤 했다. 그가 사화로 귀양을 가 있을 때 종을 시켜 청학동에서 바둑 두는 사람에게 편지를 전하고 오라고 했다. 종이 잠깐 사이에 심부름을 다녀왔는데도 산에 들어갈 때 2월이던 것이 나와서 보니 9월이었다고 한다. 이 역시 속계와 별세계의 시간차를 보여주는 이야기이다.

『청구야담』 1권, 「위성에서 산 과일을 먹으며 털북숭이 신선을 만나다餉山果渭城逢毛仙」에서 정조 임인년에 영남 안찰사 김 아무개를 찾아온 털북숭이 인간은, 지리산에 산다고 자기를 소개하는데 그의 나이는 사백 살에 가까웠다. 보통 사람은 백 살도 넘기기 힘든데 그가 사백 살에 가깝게 살

변관식(卞寬植, 1899~1976), 〈무릉도원〉, 1970, 119.0×32.5cm, 고려대학교박물관 소장 | 금강산 대작의 작가로 널리 알려진 변관식 또한 〈무릉도원〉에서 한국의 이상향을 진경산수의 필치로 구현해냈다. 해방 전후에도 현실을 떠나 이상공간을 그리는 화가들이 여럿 있었다. 변관식은 특별히 이상향에 대한 그림을 많이 그렸다. 그의 도원 그림에 나오는 산수는 이전 시대 도원도에 비해 실재 우리나라 산천에 가깝다는 평가를 받는다.

았다는 것은 그가 사는 세계와 속계의 시간이 같지 않다는 것을 보여준다.

요컨대, 사람들은 분명 속계의 시간과 이상세계의 그것을 다르게 인식했다. 이상세계에서의 하루가 곧 속계에서의 몇 년으로 정확히 비례된다고 여기거나 그저 별세계의 시간은 속계의 시간보다 훨씬 느리게 간다고 생각했다. 아니면 소의 걸음수로 시간을 파악하는 것처럼, 이상세계의 시간은 일반인들이 생각하는 시간의 흐름을 떠나 있다고 여기기도 했다.

선계와 속계의 시간 차이는 왜 발생하는 것인가? 왜 이상세계를 다룬 이야기에서는 거의 예외 없이 이상세계와 속계의 시간이 차이난다고 말하는 것일까?

한마디로 장수하고 싶다는 욕망에서 그 원인을 찾아야 할 것이다. 사람은 누구나 장수하고픈 욕망을 갖고 있다. 그래서 죽지 않고 산다는 신선이나 오래 산다는 열 가지 장수물 십장생十長生 등은 끊임없는 동경의 대상이 되어왔다. 하루를 일 년같이 살 수 있다면 평균 수명을 일흔으로만 잡아도 도대체 몇 년을 사는 것이란 말인가? 실로 엄청난 장수이다. 이상세계는 바로 그러한 장수의 욕망, 불사不死의 욕망을 투영한 공간이다.

비밀로 해주시오

이상향을 찾아 들어간 이들의 사연을 살펴보면 그곳에 사는 사람들은 한결같이 3~4대代 수백 년 동안 세상과 통하지 않고 그곳에만 산다. 세상에 알려졌더라면 국가 권력의 통제를 받고, 외부 사람들의 통행도 있었을 테지만 전혀 그런 것이 없이 단절되어 살아간다. 어떻게 그것이 가능할까?

우연히 왔든 초대를 받았든 일단 이상향을 구경한 사람들은 나갈 때는 세상에 말하지 말아달라는 부탁을 받는다. 첨지도 권진사에게 이렇게 부탁했다.

> 떠날 때가 되자 첨지가 거듭 부탁하기를, "이 마을은 춘천도, 낭천도 아닙니다. 이 앞의 평야가 몇 리쯤 되는지 알지 못하는데다가 사람들이 이곳에 온 적도 없어서, 세상에 알려지지 않은 곳입니다. 진사님께서 이곳에 오신 것은 인연이 있어서였습니다. 산을 나가신 후에는 다른 사람들에게 말하여 번거롭게 하지 마십시오" 하였다.[35]

이곳이 세상에 알려질까 염려되니 알리지 말아달라는 부탁이기도 하지만, 실상 그 장소가 세상과 얼마나 떨어져 있는지조차 알 수 없으니 사람들에게 말해봐야 본인만 이상한 사람이 된다는 것이다. 그러나 특별한 경험을 하고 나면 사람들은 그것을 오히려 많은 이들에게 말하고 싶어한다. '임금님 귀는 당나귀 귀'라는 사실을 비밀로 해야 하는 것이 너무나 고통스러운 나머지 병들었다가 결국 숲 속에 들어가 '임금님 귀는 당나귀 귀'라

〈무릉도원〉 부분 | 산속 마을의 한가로운 풍경이다. 점점이 꽃이 피어 있는 가운데, 마을 사람들은 천천히 나무다리를 건너고 있거나, 초가집에서 뭔가를 하고 있다. 그중 가장 시선을 끄는 이는 바로 물가에서 고기를 잡고 있는 한 남자의 모습이다. 낚싯대는 드리웠으되 굳이 물고기가 잡히기를 애타게 기다리는 것 같지 않다. 세월을 낚는 듯한 모습이다.

고 한참을 소리지른 후에야 살 수 있었다는 어느 이발사의 이야기도 있지 않은가. 그러니 방문객에게 신신당부한 것만 믿고 있다가는 별세계가 유지되기 어려우므로, 이들은 좀더 특별한 장치를 해둔다.

사람들은 길을 잃어 인가를 찾아 헤매다가 우연히 이상세계를 방문한다. 이상공간은 가고 싶다 하여 의도적, 계획적으로 찾아갈 수 있는 곳이 아니라 말 그대로 우연히 한번 가볼 수 있는 곳이다. 앞에서 첨지는 권진사에게 '인연'이 있기 때문에 이런 방문을 할 수 있었을 뿐이라고 선을 긋는다. 하지만 이상공간을 방문하더라도 그곳까지 가는 길은 평탄하지 않다. 그곳으로 들어가기까지는 깊은 산과 돌문, 그리고 그 밑을 흐르는 물을 한참 지나 언덕 위로 올라가는 과정을 거쳐야 했다.

이원명李源命, 1807~1887이 1869년에 편찬한 설화집 『동야휘집東野彙輯』에, 홍생이 이상세계를 오고 가는 승려를 만나 그에게 자신을 데려가 달라고 끈질기게 청하여 결국 그곳을 방문하는 이야기가 나온다. 그 과정은 이랬다.

좁은 길을 따라 오르내리기를 몇 리나 했는지 알 수 없었고 다만 한 줄기 높은 산이 모두 모래나 바위뿐이었다. 승려가 말하기를,

"이 모래는 가늘고 고운 것이 두터이 쌓여 있어 발놀림을 조금만 천천히 해도 다리가 빠져서 빼낼 수가 없습니다. 나와 같이 움직임을 빨리하기를 배워야만 해를 면할 수 있습니다"

하였다. 홍생이 그 말대로 하여 산꼭대기에 이르도록 산허리를 빙 둘러 굽이굽이 난 길을 몇 리나 계속 갔다. 갑자기 길이 중간에 끊어졌다. 아래는 절벽이었고 맞은편 언덕은 몇 장丈쯤 떨어져 있었다. 승려는 한번에 훌쩍 뛰어 건넜으나 홍생은 두려워서 따라갈 방법이 없었다. 승려가 이에 두 소매를 걷고 언덕에 기대어 몸을 매달려 하늘을 우러러 누워서 홍생으로 하여금 몸을 날려 자기의 가슴 쪽으로 달려오게 했다. 홍생이 어쩔 수 없이 마음을 굳게 먹고 한번 뛰니 승려가 두 손으로 안아서 위험한 곳을 건널 수

있었다. 또 구불구불한 좁은 길을 따라 돌고 돌아서 한 곳에 닿으니 이곳이 바로 별세계였다.[36]

세속세계와 이상세계 사이에는 가늘고 고운 모래가 두터이 쌓여 있어 보통 사람이 가려고 하면 발이 빠져들어 해를 입게 된다. 그러고 나서도 곳곳에 있는 구불구불 끊어진 길을 거치고서야 별세계에 갈 수 있다고 하였다.

이상향은 멀고도 깊은 산중에 있는데 그곳에까지 가는 길목에 온갖 장애물이 있어서 보통 사람은 혼자 힘으로 그곳에 갈 수 없다. 불로초不老草가 있다는 삼신산三神山에 가려면 반드시 바다를 건너야 하지만 그 물은 아무리 가벼운 터럭이라도 가라앉아버리고 마는 약수弱水라서 누구도 그곳에 갈 수 없다는 신선설화가 있는데,[37] 여기서는 이 약수가 선계와 속계 사이의 차단장치인 셈이다. 홍생의 이야기에서는 '모래'로 약수의 역할을 대체한 셈이다.

수촌水村 임방任埅, 1640~1724이 엮은 야담집 『천예록天倪錄』의 「관동의 길가에서 비를 만났다가 신선 세계에 오르다關東道遭雨登仙」에서는 서생이 산에서 길을 잃고 헤매자 한 노인이 나타나 이상세계를 가르쳐준다. 노인은 우연히 서생을 만나 도와준 것처럼 했지만 나중에 보면 노인이 직접 그를 지목하여 이상향으로 데려온 것이 밝혀진다.

김영복 소장본 『천예록』에만 들어 있는 「지리산에서 길을 잃었다가 신선을 만난 이야기智異山路迷逢眞」에서는 한 음관蔭官이 지리산 기슭에서 길을 잃었다가 장도령을 만난다. 그의 안내로 장도령이 사는 곳에 가보니, 그곳은 티끌세상이 아닌 하나의 별세계였다. 이 역시 이상세계에 사는 인물의 안내로 깊은 산중에 있는 또다른 세상을 방문한 예이다. 이상향을 방문할 수 있는가 없는가는 어디까지나 그곳 사람이 결정하는 것이지 보통 사람이 결정하는 것이 아니다. 선택의 주도권은 철저하게 이상세계의 인물이 지닌다.

이런 예들은 이루 다 셀 수 없을 만큼 많다. 앞서 살펴본 이야기에서만 보아도 권진사는 그곳에 살고 있는 첨지가 데려온 소를 타고 그 고장에 들어갔다. 『청구야담』 3권의 「이동고가 겸종을 위하여 좋은 사위를 택하다李東皐爲傔擇佳郞」에서는 이동고의 겸종의 사위가 가솔들을 이끌고 선계에 들어간다. 그곳은 암석이 우뚝하고 수목이 빽빽한 길을 여러 날 가다가, 막힌 곳에 이르러 짐을 실은 말과 소마저 풀어 보내고서는 석벽 위에서부터 내려온 비단 가닥을 잡고서야 올라갈 수 있다. 비단 가닥이 없으면 닿을 수 없는 곳이므로 이 비단 가닥은 속세와 선계를 연결시켜주는 유일한 수단이다. 같은 책 4권 「오 안찰사가 영랑호에서 설생을 만나다吳按使永湖逢薛生」에서는 회룡굴이라는 별천지가 등장하는데 이곳은 어깨에 메는 가마를 타고 계곡으로 들어가 험악한 산길을 몇 리 지나 푸른 절벽이 우뚝한 중간에 난 문으로 들어간다. 이곳에서도 끈을 잡고 몸을 거꾸로 하여 구부리고 들어가야 비로소 목적지에 이를 수 있다. 〈몽유도원도〉를 보더라도 이런 설정은 너무나 잘 드러난다. 도원을 기준으로 볼 때 동서남북 어디나 깎아지른 듯한 절벽 또는 우뚝우뚝 험하기 그지없는 산으로 둘러싸여 있으니, 이상세계란 쉽게 진입할 수 있는 곳이 아니다.

충청남도 부여군 규암면 외리에 있는 옛 절터에서 출토된 여덟 종류의 벽돌에서도 이상향에 대한 선인들의 생각을 볼 수 있다. 백제시대 절이나 왕궁 바닥에 까는 용도로 사용되었던 이 벽돌들은 보물 343호로 백제 사비시대 유물이다. 그중 산수무늬 벽돌, 즉 산수문전山水文塼에는 우뚝 솟은 여러 산들과 물이 흐르는 깊은 골짜기가 가득하다. 그것을 자세히 보면 꿈을 꾸듯 그 위를 날아서 그곳 어딘가에 있는 공간에 들어가려는 백제인의 마음을 읽을 수 있다. 또한 그것에서 '날아서나 간신히 들어갈 수 있을까 말까' 하게 감추어진 이상세계로의 진입로를 생각해볼 수 있는 것이다.

백제 사비시대(7세기) 산수무늬 벽돌, 29×29cm, 국립부여박물관 소장 | 사방에 높은 봉우리와 울창한 나무숲이 가득하다. 심산유곡임을 알리는 듯, 위쪽에는 뭉게뭉게 구름이 피어나 있다. 저런 곳 어딘가에 별세계가 있음직도 하다. 옛사람들은 저 산을 훨훨 날듯 넘어 이상향으로 가고 싶은 마음을 벽돌에 표현하였다.

요컨대 당시 사람들이 생각하거나 경험했던 이상세계는 대체로 깊은 산 속 어느 곳에 존재하는데, 이곳은 거기에 사는 인물의 안내나 도움을 받고서야 방문할 수 있으며 그렇지 않으면 끈의 도움이 있어야만, 또는 거꾸로 매달려 한참을 가야만 간신히 도달할 수 있다. 또 이상세계와 세속세계 사이에는 사람들이 쉽게 접근할 수 없게 하는 특별한 장치가 있는데, 예컨대 위에서 보는 것과 같이 '가늘고 고운 모래층'이 바로 그것이다. 그러므로 그 모래층이나 신이하게 내려온 끈, 험하고 좁은 바위 속에 길게 이어진 길 같은 것들이 이상향과 속세를 구분 짓는 장치가 된다. 소를 통해서 선계에 들어간다는 것도 마찬가지이다. 이런 장치들이 있으므로 이상세계는 언제까지나 이상세계로 남아 있을 수 있는 것이다.

속계와 이상향 사이에 이와 같은 장애물이나 차단장치가 있는 것은, 사람들이 임의로 선계를 드나들 수 없다는 것을 나타내기도 하지만 역으로 속계에서의 어떤 권력이나 더러움이 절대 침범할 수 없는 곳이 바로 이상세계라는 의미이기도 하다. 그런 세계에서 전쟁의 화나 학정이나 수탈로부터 완전히 해방되어 살고 싶은 백성들의 욕망이 투영되어 있는 것이다.

허생이 꿈꾼 유토피아

박지원이 쓴 「허생전」은 그가 중국 열하에 다녀와서 쓴 글인 『열하일기』의 「옥갑야화」에 실려 있다. 큰돈을 번 허생은 어느 날 도적 떼를 찾아가 과감한 제안을 한다. 당신들이 도적이 된 것은 먹고살기 힘들어서인데, 이제 도적질을 하여 나라에서 평범하게 살 수 없으니 자기와 같이 가자고 설득한 것이다. 그리하여 허생은 나라 안의 도적 떼를 모두 이끌고 섬에 들어가서 유토피아를 이룬다. 그 부분은 이렇다.

허생은 스스로 이천 명이 일 년 동안 먹을 식량을 장만하고 기다렸다. 뭇 도적은 과연 기일이 되자 다 돌아오되 뒤떨어진 자 없었다. 이에 모두들 배에 싣고 그 빈 섬으로 들어갔다. 허생이 이렇게 도적 떼를 데리고 사라지니 온 나라 안이 잠잠하였다. 이에 나무를 베어 집을 세우고, 대를 엮어서 울타리를 만들었다. 지질地質이 온전하매 온갖 곡식이 잘 자라서 묵정밭은 갈지 않고 김매지 않아도 한 줄기에 아홉 이삭씩이나 달렸다. 삼 년 먹을 식량을 남겨두고 나머지는 모두 배에 싣고 장기도長崎島에 가서 팔았다. 장기도는 일본日本의 속주屬州로서 호수戶數가 31만이나 되는데, 바야흐로 큰 흉년이 들었는지라 드디어 다 풀어 먹이고는 은銀 백만 냥을 거두었다. 허생은 탄식했다.

"이제야 내 조금 시험해보았구나."

하고는, 곧 남녀 2천 명을 모두 불러놓고,

"내 처음 너희들과 함께 이 섬에 들어올 때엔 먼저 부富하게 한 연후에 따로이 문자文字를 만들며 의복을 지으려 하였는데 땅이 작고 덕이 엷으니, 나는 이제 이곳을 떠나련다. 너희들은 어린애가 나서 숟가락을 잡을 만하거든 오른손으로 쥐기를 가르치고 하루를 일찍 났어도 먼저 먹게 양보하렷다"

하고 명령을 내렸다. 그리고 다른 배들을 모조리 불사르며,

"가지 않으면 오는 이도 없겠지"

하고, 또 돈 50만 냥을 바닷속에 던지며,

"바다가 마를 때면 이를 얻을 자 있겠지. 백만 냥이면 이 나라엔 용납할 곳이 없으리니 하물며 이런 작은 섬일까보냐"

하고, 또 그중에 글을 아는 자를 불러내어 배에 태우고,

"이 섬나라에 화근禍根을 뽑아버려야지"

하고는, 함께 떠나왔다.

—한국고전번역원 역

허생이 세운 나라는 복잡한 허례허식 없이 인간이 사는 데 필요한 최소한의 예의만 갖춘 곳이다. 오른손으로 밥을 먹게 가르치고, 하루라도 먼저 난 사람을 윗사람으로 공경하여 그에게 양보하라는 것이다. 이런 기본적인 인간사회 질서를 따르고, 또 자연의 법칙을 따라 모두가 열심히 일한다면 먹을 것이 모자라는 일은 없을 것이다. 인간 사이에 질서가 있으니 마음이 행복할 것이요, 먹을 것이 풍족하니 몸도 건강하고 평안할 것이다. 그것이 허생이 꿈꾼 나라이다.

마지막에 화근을 없앤다면서 글 아는 자들을 모두 데리고 나와버린 것은, 그가 이룩한 유토피아가 또다시 속세와 같이 되지 않기를 바라는 마음의 표현이다. 순박하고 순진한 사람은 문제를 일으키지 않는다. 그런데 문자를 아는 사람은 머릿속에 쌓은 지식으로 남을 밟고 학대하며 야비하게 성공하는 데에만 힘쓰게 마련이다. 그러다보면 세상에 다툼이

생기고 화가 생겨난다. 그것이 허생의 생각이었던 것이다. 이는 또한 속세의 온갖 고통과 다툼의 근원이 글 아는 자, 즉 식자들에게 있다는 것을 지적하고 비판한 표현이기도 하다.

5

실제로 새 세상을 건설한 사람들

실제로 흉년이 들었을 때 신석은 마을 앞에 큰 솥을 걸어두고 주변 몇 리 안의 사람들이 누구나 찾아와 먹을 수 있도록 구휼하는 등 덕 있는 일을 많이 했다. 그래서 주변은 물론 먼 지역에까지 소문이 나서 일부러 그곳을 구경하러 오거나 근처로 이사해 이 공동체에 합류하는 사람도 있었다. 물론 그들 중에는 동헌이 너무 엄격하다며 견디지 못하고 간 사람도 있었지만 신석과 마을 사람들의 헌신적인 관리로 판미동에 건설한 이상사회는 100여 년 가까이 성공적으로 운영되었다. 당시 사람들 중에는 예의 바른 낯선 사람을 보면 혹시 판미동 사람이 아니냐고 물을 정도였다니 현실에 구축한 이상세계로 상당히 성공한 셈이다.

역사적으로 볼 때 새 세상을 머릿속으로 그리는 데서 그치지 않고 자신들만의 생각이나 방식에 따라 현실에서 그런 공동체를 갖추고 산 예도 있다. 가장 대표적인 예가 경기도 가평군에 실존했던 판미동이다. 이곳을 살펴보기 전에 먼저 정약용이 소개한 미원이라는 공간에 대해 알아보자.

다산 정약용丁若鏞, 1762~1836이 남긴 「미원은사가薇源隱士歌」는 7언 32구 224자의 긴 노래로 『다산시문집』 4권에 실려 있다. 정약용은 이 글에서 미원이라는 곳을 자세히 소개했다. 첫머리에 자신이 이런 글을 쓰게 된 배경에 대해 말하면서, 교리校理 윤영희尹永僖가 자신에게 이런 이야기를 해주었다고 했다. 미원은 한양 벼슬아치의 자제였던 심 아무개가 시골로 거처를 옮겨 은거하면서 무릉도원같이 만든 곳의 이름이다. 윤영희가 심 아무개와 인척관계였기 때문에 그가 이런 사연을 알고 있는 것이라는 설명도 덧붙였다. 긴 작품이므로 앞부분만 먼저 살펴보자.

벽계 북쪽의 자그마한 미원은	檗溪之北小薇源
구지산 무릉원과 형 동생 할 만하다	仇池武陵可弟昆
일흔다섯 집 모두 나무를 심었는데	七十五家皆種樹

그 속에 꽃 많은 집 심씨의 정원이라네 就中多花稱沈園
심은 원래 한양 벼슬아치의 자제로 沈本京城宦家子
젊은 시절 유학하여 벼슬길을 찾다가 蚤年遊學求乘軒
하루아침에 집을 팔고 불패를 노래하며* 一朝賣家歌黻佩
조각배에 몸을 싣고 산에서 살려고 扁舟渺然思林樊
이곳에 정착하여 오막살이집을 짓고 徑投此地結衡宇
대통으로 물을 끌어 황무지를 개간했네 連筒引水開荒原

정약용은, 미원은 옛날 중국의 무릉도원과 비슷한 곳이라면서 소개하고 있는데, 미원의 위치는 벽계의 북쪽이라 했다. 오늘날의 경기도 광주 인근이다. 대대로 벼슬살이를 하며 살던 심씨 집안의 아무개가 어느 날 자신의 한양 거처를 정리하고 돌연 이곳에 들어와 살게 되었다는 것이다. 출세의 꿈을 꾸었을 그가 왜 갑자기 은거하게 되었는지는 나와 있지 않다. 뭔가 심각하고 충격적이며 가슴 아픈 상황이 있었겠지만, 우리는 그것을 추정할 수 없다. 다시 돌아가지 않겠노라 결심하고 산 밑 또는 산속 시골에 와서 황무지를 정리하여 오막살이집을 짓고 대통을 이어서 물을 끌어와 삶의 터전을 이루었다는 것이다.

황무지를 개간하고 물을 끌어오는 작업부터 했다고 했으니, 심씨는 이

* 『시경』 진풍(秦風)의 「종남終南」이라는 시에 나오는 말로, 임금님의 만수무강을 빌며 그 은혜를 감사한다는 상투적인 내용을 표현한 것이다.

미 있는 마을이 아니라 사람이 없는 새로운 장소를 하나 개척한 것이다. 총 일흔다섯 집이 모여 사는 작은 마을은 그가 정착한 후 자제와 종들이 번성해 이루어진 것이리라.

벼도 심고 조도 심어 넉넉히 쌓아두자	稻粱會計饒積著
아이들과 나눠 갈아 한 마을을 이뤘다네	僮指分耕列成村
돌담에 기와집에 자리를 잡고서는	石墻瓦屋整位置
곡식 가꾸고 짐승 치는 방법을 더 배워서	甯經駝書學滋蕃
뽕과 삼 닥과 옻 대추 밤에 감나무며	桑麻楮漆棗栗柹
망아지 송아지 오리 닭 개 돼지 다 기르네	駒犢鵝鴨鷄犬豚
소금 우물 빼고는 온갖 물건 다 있어서	家無鹽井百物具
문을 나지 않고서도 제사 잔치 다 치르네	祭祀燕飮不出門
아들 낳으면 농사일 딸은 길쌈 가르치고	生男學圃女學織
우견산에서 주진촌처럼 혼인하며 살았다네	羽畎山裏朱陳婚

이 부분을 통해서는 한양에서 훌쩍 떠나간 심씨 일행이 실제로 그곳에서 어떻게 살았는지 알 수 있다. 우선 개간한 땅에 벼와 조를 심었다고 했다. 그간 농사를 짓지 않았던 곳이니 지력地力이 좋았을 테고 여기에 정성을 들여 경작하니 넉넉히 거둬들이게 되었다는 것이다. 씨를 뿌리고 농사를 짓는 틈틈이 개간도 계속하여 늘어난 땅은 자식들에게 나눠주어서 경

작하게 했다. 벼농사 외에 뽕나무를 길러 옷감을 짜서 입을 수 있게 하고, 대추나 밤나무 등을 심어 그 열매를 먹기도 하고 제사에 쓰기도 했다. 고기도 먹어야 하기에 집집마다 개나 돼지, 닭 등의 가축도 길렀다. 하루하루 솜씨를 익혀 더 효율적으로 이것들을 해나갔다. 그러고 나니 가끔 소금을 구하러 세상에 나가야 하는 것 빼고는 굳이 다른 곳으로 이동하지 않아도 모든 것이 자급되더라는 것이다.

아들을 낳으면 농사일을 가르치고 딸에게는 길쌈을 가르친다는 말에서 볼 수 있듯이 이곳은 누구나 열심히 일하면서 먹고사는 것을 기쁨으로 여기는 세상이요, 복잡한 예절이나 규례를 따지지 않고 가장 단순한 자연 그대로의 것만을 규범으로 삼는 공동체이다. 이상세계에 대해 말한 수많은 이야기와 기록에서 보이듯이 이곳에서도 불필요하게 다른 장소를 오가지 않고 혼인까지 내부자끼리 했다. 그럼으로써 이 공간만의 특수성을 유지했고, 세상과 다른 또하나의 공간을 유지할 수 있었다. 주진촌에서 두 집안의 자제를 바꾸어 혼인시킴으로써 주씨와 진씨의 집성촌을 이루었듯이 말이다.

자식 커서 집안 맡자 영감은 늙었기에	子壯克家翁乃老
꽃 심고 나무 가꾸며 날마다를 보낸다네	栽花接果度朝昏
국화 가꾸는 솜씨는 더욱 절묘하여	菊花之業尤絶世
품격이 좋은 것만 사십팔 종이 피는데	四十八種標格尊

김홍도(金弘道, 1745~?), 「풍속화첩」 중 〈자리짜기〉, 종이, 27.0×22.7cm, 국립중앙박물관 소장 | 가족들은 각자 할 일을 열심히 하고 있다. 남편은 돗자리를 짜고 있는데, 그 모습이 사뭇 진지하다. 꼭 다문 그의 입매에서 집중을 읽어낼 수 있다. 아내는 물레를 돌려 실을 잣고 있는데 입가에 희미한 미소가 떠올라 있다. 뒤에서는 떠꺼머리 아들이 글자를 짚어가며 책을 읽고 있다. 새삼스럽게도 이것이 바로 행복한 이상세계의 모습이다.

언제나 그 꽃 필 때면 술이 깰 사이 없이 每到花開醉不醒
성성백발 홍에 겨워 술독 놓고 앉았다네 陶然白髮臨清樽
글을 쓰면 그래도 소동파체를 쓰고 著書頗學眉公體
유양 낙고처럼 기이한 말도 잘한다네 酉陽諾臯多奇言

이제 은거한 지 한참 후인 현재의 모습을 그린 것이다. 심 아무개가 처음에 벼슬길을 포기하고 참담한 심정으로 아무것도 없는 불모지로 은거할 때 자신은 물론 남들까지도 모두들 그를 측은하게 여겼을 것이다. 그러나 미원이라는 고장을 열고 그곳에서 삶의 방식을 정해 살게 된 후 모든 것은 편안해지고 풍성해졌다. 그후의 심 아무개를 보고는 사람들이 무엇이라 했는지 위의 글을 통해 볼 수 있다.

맹자孟子는 양혜왕梁惠王에게 왕도王道가 잘 구현된 사회의 모습을 이렇게 소개했다.

> 다섯 묘畝 되는 넓이의 집 가장자리에 뽕나무를 심으면 쉰 살 노인이 비단옷을 입을 수 있고, 개나 돼지나 닭 등의 가축을 기르면서 때에 맞게 새끼를 치게 하면 칠순 노인이 고기를 먹을 수 있으며, 백 묘 넓이가 되는 토지에 때에 맞게 농사를 짓는다면 몇 명으로 이루어진 가족이 굶주리지 않게 되고, 학교에서 잘 가르쳐서 효제孝悌의 의리를 거듭 당부한다면 머리가 희끗희끗한 노인이 길에서 짐을 지거나 이고 다니지 않게 될 것입니다.[38]

효율적으로 하겠다고 사람들을 이리저리 이동시키고, 보다 더 많은 사람을 모으려고 온갖 정책을 내세우는 것이 정치를 잘하는 것이 아니다. 그저 아무 때고 국가에서 함부로 백성들을 끌어다가 일 시키거나 못살게 굴지 않고, 오직 백성들이 자연의 섭리에 맞게 나무를 심고 가꾸고 가축을 기르게 놓아두면 평화롭고 질서 있으며 풍요로운 사회가 된다는 것이다. 유가에서는 왕도정치가 잘 구현된 사회를 이상사회라고 하는데, 이와 같이 되는 사회야말로 참 이상사회라는 것이다.

노년의 심씨 모습을 묘사한 곳을 보라. 맹자의 설명에 따르자면 마음이 편안하고 살림이 풍족하며 사람들이 서로 다툼 없이 순박하게 조화를 이루며 사는 세상에서는, 노인은 짐을 지고 힘들게 일하지 않으면서도 잘 먹으며 행복한 삶을 산다. 왕의 존재는 드러나지 않지만, 심씨와 그의 자식들이 사는 미원이야말로 왕도정치의 이상이 실현된 이상세계이다. 이제 노인이 된 심씨는 더이상 일하지 않고도 공경받으며 오직 소일거리로 국화 등을 가꾸면서 산다고 했다. 동양문화권에서 티끌세상의 복잡한 문제를 잊고 숨어사는 은자는, 추위에도 꼿꼿이 가장 늦게까지 깨끗한 꽃을 피우는 국화를 사랑하고 그것을 기르며 살았다. 또한 심씨는 세상의 명예나 잇속을 탐하지 않기에 마음도 편하여 근심걱정 없이 마음껏 술 마시며 꽃밭 가운데 누울 수도 있다. 그 가운데 흥이 나면 글도 쓰는데 소동파같이 멋진 필체로, 당唐나라 단성식段成式의 『유양잡조酉陽雜俎』「낙고기諾皐記」

편에 나오는 것과 같은 재미있고 특이한 일들을 쓰기도 한다는 것이다.

이 작품의 앞부분에서 정약용은, 미원에 일흔다섯 가구가 모여 사는데 그중에서도 가장 꽃이 많고 아름다운 곳이 심 아무개의 집이라고 하면서 말문을 열었다. 그리고 작품이 끝나가는 이 부분에서 심씨가 국화를 가꾸는 솜씨를 발휘하며 말년을 보내고 있다고 했다. 그 솜씨 덕에 그의 집은 아름답고 튼실한 국화 수십 종이 활짝 피어 있는 꽃동산이 된 것이다. 꽃으로 시작하여 꽃으로 마무리 짓는 수미상관의 표현법을 구사해 글의 균형을 잡을 뿐만 아니라 그의 집과 그의 삶이 꽃처럼 아름답고 부러워할 만한 것임을 은연중에 드러내는 것이다.

마지막으로 정약용은 그의 삶에 대한 부러움을 표현하며 글을 맺는다.

아아! 그 늙은이 세상에 숨어 잘도나 살지　　吁嗟此老利肥遯
남다른 사랑으로 하늘이 복을 내렸나봐　　天公餉福眞殊恩
이미 그르친 내 인생은 그를 따를 수 없어　　我生已誤無可及
자손에게나 보이려고 미친 노래를 적어보네　　聊述狂歌示子孫[39]

정약용은 젊어서 유배를 와 수십 년 동안 가족과 떨어져 지냈을 뿐만 아니라 늘 조정에서 권력을 잡은 이들의 견제를 받아 목숨까지 위태로운 삶을 살았다. 심씨와 자신의 삶을 비교해볼 때 자신의 처량함을 생각하지 않을 수 없었다. 정약용은 심씨에 대한 부러움을 숨기지 않으면서 하늘이 어찌 유독 심씨만 사랑하여 그리 큰 사랑을 내렸는가 탄식한다. 자신의 인생과는 정말 비교할 수도 없지 않느냐며 크게 탄식하는 정약용의 모습이 눈에 보이는 듯하다.

전체적으로 미원은 앞서 우리 선인들이 그려온 이상세계와 그다지 다르지 않다. 세상과 단절하여 오가지 않으면서, 누구나 땀 흘려 일하며, 최소한의 예의범절로 사회의 규칙을 지켜가는 소규모 가족 공동체가 바로 우리 선인들이 그린 이상세계요, 또한 미원이라는 이상세계의 모습이기도 하다.

정약용의 글에 나타난 미원은, 지금은 그 실존 여부를 파악하기가 어렵다. 그러나 한양 근처 경기도 땅에 구축된 이상세계인 판미동은 그렇지 않다. 전 연세대 교수 황원구 선생[40]은 한국에서 유토피아를 건설하려 했던 예로 판미동을 자세히 소개한 바 있다. 그가 소개한 자료를 바탕으로 이곳을 살펴보자.

판미동은 오늘날의 경기도 가평군 하면의 능재말고개〔掛勒峴〕에 있는 협곡지대를 말한다. 현종 15년이자 숙종의 즉위년인 1674년 갑인년에 해적이 침입할 것이라는 소문이 한양 전역에 퍼졌다. 그래서 많은 사람들이 피난을 가기에 이르렀다. 고령을 본관으로 하는 신석申潰, 1650~1724도 바로 이해에 판미동에 처음 자리를 잡았다. 평소 사냥을 즐기던 신석의 외사촌 윤세웅이 경치가 수려하고 피난하기 좋은 곳이라면서 이곳을 추천해준 후, 신석은 이 지대를 사들여 자신의 가솔은 물론 외가쪽 사람들, 그리고 사돈지간인 인척들까지 모두 거느리고 이주한다. 난리의 소문도 있고 자신이 벼슬을 하고 있는 것도 아니며 자신 외에 형제들도 그다지 이름을 날리지 못하고 있었으며 홀어머니도 계셨기 때문에 선뜻 이주할 생각을 했던 것이다. 그의 이런 생각에 동조하여 친인척들도 함께 길을 나섰다.

그가 터를 잡은 이곳은 평소 호랑이가 자주 출몰할 정도의 깊은 산골로, 사방이 깊은 산으로 막혀 있어서 현령縣令의 통치조차 미치기 어려운 곳이었다. 그래서 사람의 손을 타지 않은 자연 그대로의 멋진 경치가 보존되어 있었고, 피난하기에도 그만이었다. 이곳에서 신석은 친지들과 함께 자신들만의 약속, 즉 동헌洞憲을 정한다. 조선 중기 당시 이익의 해주향약 등 유교이념을 바탕으로 한 향촌 자치 활동은 상당한 실효를 거두며 전파되고 있었다. 이 시기와 맞물려 신석은 좀더 작은 규모의 공동체에서 유교적 이상세계를 건설하려는 의도를 실현한 것이다. 그들이 정한 동헌의 내용은 이런 것들이었다.

덕스러운 일을 하도록 서로 권하되 인척 간에는 효도하고 우애하며 화목하고 서로 불쌍히 여겨 돌봐줄 것, 향당에서는 제사를 잘 받들고 손님을 정중히 대접할 것, 학업을 게을리하지 않고 생업인 농업에 힘쓰며, 이로운 일은 애쓰되 해로운 일은 힘써 제거할 것, 잘못을 하지 않도록 서로 규제할 것, 어른과 아이·양반과 상민 간의 질서와 분수를 지킬 것, 슬픈 일이나 기쁜 일에 서로 도울 것, 화재를 당하거나 병에 걸리거나 억울하게 죄인이 된 집 등을 서로 구휼할 것 등이다. 특히 이 공동체에서 잘못이라고 규정하는 것은 덕업상권德業相勸을 어기는 일, 하극상, 향당鄕黨의 불화, 조세 납부 거부, 도박과 유언비어 일삼는 일, 미신에 빠지는 일, 모임에 불참하거나 분위기를 어지럽히는 일 등이었다.

실제로 흉년이 들었을 때 신석은 마을 앞에 큰 솥을 걸어두고 주변 몇 리 안의 사람들이 누구나 찾아와 먹을 수 있도록 구휼하는 등 덕 있는 일을 많이 했다. 그래서 주변은 물론 먼 지역까지 소문이 나서 일부러 그곳을 구경하러 오거나 근처로 이사해 이 공동체에 합류하는 사람도 있었다. 물론 그들 중에는 동헌이 너무 엄격하다며 견디지 못하고 간 사람도 있었지만 신석과 마을 사람들의 헌신적인 관리로 판미동에 건설한 이상사회는 100여 년 가까이 성공적으로 운영되었다. 당시 사람들 중에는 예의 바른 낯선 사람을 보면 혹시 판미동 사람이 아니냐고 물을 정도였다니 현실에 구축한 이상세계로는 상당히 성공한 셈이다.

판미동은 신석 이후에 그의 아들, 손자로 이어져 3대에 걸쳐 100여 년 동안 잘 유지되었으나, 더이상 이어지지는 못했다. 신석의 아들 대만 하더라도 다섯 아들 중에 두 아들이 벼슬살이를 하느라 한양으로 다시 이주해 살아야 했고, 소문을 듣고 전국에서 오는 사람들이 많아지면서 효과적인 관리도 어렵게 되었다. 동헌의 내용을 보면 알 수 있듯, 공동체 정신을 실현하기 위한 헌신적인 참여와 관리, 협조가 필요한데 처음 이 세계를 구축한 사람들이 모두 죽고 난 상황에서 그런 사람이 계속 나타나기를 기대하기는 어려웠다. 그래서 100여 년 만에 판미동이라는 이상세계는 흐지부지되고 만다.

그러나 역사적으로 볼 때 판미동 고사는 매우 의미 있는 이야기가 아닐 수 없다. 이상세계를 그저 허무맹랑하게 꿈꾸거나 생각해보기만 한 것이 아니라 최대한 가능한 이상세계를 실제로 만들어본 시도라는 점은 중요하다. 오늘날에도 판미동 고사와 관련한 지명 등이 경기도 가평에 남아 있으니 이것이 역사적 사실이었음을 입증할 수도 있다. 그리고 이상세계를 만들어보겠다는 시도가 3대에 걸쳐 100년 동안이나 성공적으로 유지될 수 있었다는 점도 매우 의미 있는 일이다.

이상세계는 각 종교나 사상마다 조금씩 다르게 나타난다. 판미동은 초월 차원의 도교적 이상세계나 내세적 피안彼岸을 내세우는 불교적 이상세계가 아니라 복고풍復古風의 유교적 이상세계를 구현한 시도이다. 동헌의 내용을 보면 알 수 있듯 이들은 특히 유교에서 흔히 말하는 삼대三代 시절의 이상적인 정치사회를 구현하기 위해 유교적인 예의에 관한 것을 주로 규정하였다. 도교적인 의미의 사회와 다른 점은 국가에 대한 의무를 거부하지 않고 세금을 납부한다거나 다른 이들과의 왕래를 꺼리지 않고 오히려 잘 대접하려 한다는 점, 그리고 각종 규칙과 모임을 만들어 사람들을 어느 정도 통제한다는 점이다. 그럼에도 소수의 사람들이 사회와 거리를 둔 상태에서 자신들만의 공동체를 만들어 산다거나 누구든지 놀고먹지 않고 열심히 땀 흘려 일하는 것을 기본으로 한다는 점 등은 옛사람들이 그리던 이상세계의 모습과 같다. 판미동은 우리 선인들이 꿈꿔온 이상세계의 바탕을 다시금 보여주는 것이다.

본래 무릉도원이란 사람과 세상을 피해서 만든 곳이니 알려지기보다는 알려지지 않은 것이 당연한지도 모른다. 그렇다면 판미동 고사같이 알려진 시도보다는 알려지지 않은 시도, 또는 알려지지 않고 성공한 이상향이 세상에는 더 많이 숨어 있을지도 모른다. 있다면 그곳에 사는 사람들이 처음 꿈꾸고 이룩한 것 그대로 앞으로도 계속 행복했으면 좋겠다.

6

꿈꾼 데에서 나아가

꿈꾼 지 삼 년이라면 1450년을 말한다. 삼 년 만에 다시 꺼내보고도 전과 똑같은 감동으로 도원을 떠올리고, 또 그 도원의 모습이 아직도 선하다고 하는 안평대군! 그의 삶이 끊임없이 속세와 다른 도원을 꿈꾸게 했을지도 모른다. 안평대군과 도원의 이야기는 여기에서 그치지 않는다. 안평대군은 꿈에 도원을 본 감격을 잊지 않으면서 늘 꿈에 본 그 도원을 자신의 집으로 여기며 그리워했다. 그리움이 점점 심해져 결국 실제로 한양 성 북문 밖, 북악산 서북쪽 산기슭에 별장을 짓고 그 이름을 무계정사武溪精舍라 한다. 그리고 주위에 대나무와 복숭아나무 수백 그루를 심었다.

옛사람들이 살고 싶어한 세상을 살펴보면 그 모습이 너무나 소박해서 새삼 놀라게 된다. 작자를 알 수 없는 조선시대 고소설 중에 「삼사횡입황천기三士橫入黃泉記」라는 것이 있다. 세 선비가 갑자기 황천, 그러니까 저승에 가게 된 이야기라는 제목의 이 작품은 간단히 말하면 이렇다.

주어진 수명이 다 된 세 사람의 목숨을 거두어오라는 염라대왕의 명령을 받은 저승사자가 있었다. 그런데 세 사람이 다들 너무 멀리 떨어져 있었던 나머지 귀찮은 생각이 드는 것이었다. 투덜거리며 세상에 내려가는 중에 대낮에 길가에서 술에 잔뜩 취해 자고 있는 세 선비를 발견한 저승사자는 옳다구나 싶어 그들의 목숨을 거두어갔다. 사흘 만에야 술에서 깬 선비들은 자신들이 억울하게 죽은 것을 알고 저승에서 소란을 일으킨다. 사정을 알게 된 염라대왕이 사과하면서 선비들에게 원하는 대로 세상에 다시 태어나게 해주겠다고 한다. 한 사람은 이승에서 연거푸 과거시험에 떨어져 설움을 당했으니 급제하여 정승 판서를 하게 해달라고 한다. 염라대왕은 그에게 그러라고 했다. 다른 한 사람에게 물으니 자신은 공부는 하기 싫으니 유명한 장군이 되어 세상에 이름을 날리게 해달라고 했다. 그 역시 그러라고 했다. 마지막 한 사람에게 물으니 그는 이렇게 말하는 것이었다.

"저는 뭐 대단한 것을 원치 않습니다. 그냥 너무 가난하지도 너무 부유하지도 않게 평범하게 살다가 평범하게 생긴 아내를 맞이해 아들딸 낳고 평범하게 살다가 죽게 해주시기만 하면 됩니다."

그랬더니 염라대왕이 화를 버럭 내면서, "그런 게 있다면 내가 하겠다, 이놈아!" 했더란다.

평범하고 순탄하게 사는 것, 그것은 염라대왕조차도 바랄 정도로 가장 어렵고 실제로는 존재하지 않는 삶일 것이라는 철학적인 인식을 재미있게 표현한 작품이다. 필자 역시 읽으며 웃었지만 생각할수록 맞는 말이라는 생각이 든다.

사람들이 어떤 삶을 바랄까 온갖 상상을 다 해보지만 실제로 우리가 바라는 행복한 세상, 우리가 살고 싶은 삶은 아주 가까이 평범한 곳에 있는지도 모른다. 이제까지 여러 예를 통해 살펴본 대로 우리 조상들은 화려하고 아름다우며 놀고먹는 유토피아를 원하지 않았다. 사람들은 자신들의 현실에 따라 가장 기본적이고 소박한 꿈을 꾸었다. 한두 사람의 지배자가 자신은 놀고먹으면서 수십 명 수백 명에게 강도 높은 노동을 시키는 그런 사회가 아니라 모두 함께 땀 흘리며 일하는 삶이 행복하다고 여겼다. 감독관도 지배자도 없지만 모두가 다 열심히 일하며 자연의 흐름에 따라 먹기도 하고 자기도 하면서 서로 양보하며 사는 세상이 유토피아라고 여겼다. 그러기 위해서 수백 또는 수천의 사람들이 조그만 상자 안에 든 성냥같이 우글대며 사는 것이 아니라 독립된 지역에 소수 단위로 공동체를 이루며 사는 삶을 선호하였다. 이곳저곳 이동하다보면 번거로울 뿐 아니라 각지의 좋지 않은 습성이 새어들어올 수 있기도 하고, 세상에 너무 알려져 권력의 압박을 다시 받을 수도 있기 때문이다. 그래서 가능하면 이동을 자제하기를 원했다. 그런 이상세계에서는 모든 것을 때에 맞게 하며, 자연의 조절 기능에 맞게 산다. 그 덕분에 자연도 이에 반응하여 매년 풍년이 들고 과실도 풍성히 열리며 물고기나 짐승도 늘 맘대로 먹을 수 있을 만큼 많이 있는 것이 당연하다고 생각했다. 조용하고 풍요로우면서도 따뜻하고, 자연과 조화를 이루는 그런 삶이야말로 우리 조상들이 공통적으로 꿈꾸었던 이상세계인 것이다.

물론 어떤 시기였느냐에 따라 이상세계의 모습에 특별한 점이 부가되기는 했다. 임진왜란이나 병자호란 등으로 인하여 전국이 반복적으로 전쟁에 휩싸였던 조선 중기에는 자신들의 목숨을 보존할 수 있는 보신처保身處를 이상세계로 여겼다. 조선 후기에는 폐허가 된 전국을 일으키기 위해 궁궐 등을 다시 세우는 공사를 많이 해야 했다. 신분 제도의 문란으로 양반의 수가 기형적으로 증가하면서 양민들이 부담해야 할 부역과 세금 부담이 커졌다. 그래서 그때에는 국가 권력의 수탈이 없는 세상이 이상세계로 그려졌다. 서양의 문물과 제도가 들어오기 시작한 개화기 무렵에는 각종 편의시설과 기계를 적절히 이용해 덜 고생하면서 더 많이 생산하는 세상이 이상세계라 생각했다. 이런 것들은 '소국과민'의 기본 바탕에 각 시대의 특징이 가미되어 나타난 것들이다.

그렇다면 지금 사람들은 어떤 세상을 이상세계로 꿈꿀까? 필자 역시 지금 시대를 사는 사람이라 한마디로 지금 사람들이 어떤 세상을 꿈꾼다고 말하기 어렵다. 좀더 편리한 기계를 끊임없이 만들고, 보다 다양한 질병을 완벽하게 정복하기 위한 연구가 계속되는 것은 편리하게 오래 사는 세상을 꿈꿔온 소망의 반영일 것이다. 그러나 그것들이 다 이루어진다고 한들 지금이 옛날보다 행복한 이상세계에 가깝다고 할 사람이 있을까? 이상세계를 찾고 만들려는 시도는 옛날과 동일하게 지금도, 그리고 앞으로도 영원히 진행형일 뿐이다.

이제 다시 우리가 출발했던 안평대군의 이야기로 돌아가 오늘의 이야기를 정리해보자. 안평대군이 꿈에 가보았다는 도원의 모습은 우리 선조들이 그간 꿈꿔오던 세상의 모습을 그대로 반영한 것이다. 세금이나 압제, 전쟁 등 티끌세상의 폐단이 침범하지 못하는 깊고 비밀스러운 공간에 소수로 이루어진 마을 공동체, 폭포의 모습에서 확연히 드러나듯 자연의 아름다움과 깨끗함이 극치에 달한 상태, 인간이 함부로 하지 않기에 자연은 풍성하게 수확을 내는 법이어서 복숭아꽃이 흐드러지게 피어 있던 모습, 사람들의 움직임이 없이 조용하며 한가하던 풍경 등 그림에 담긴 모든 것이 우리 조상이 그리던 이상공간의 전형 그 자체이다.

안평대군은 〈몽유도원도〉를 받고 「몽유도원기」를 짓고도 「제시題詩」를 한 편 더 남겼다. 시 밑에 '꿈꾼 후 삼 년이 지난 정월 어느 밤에 치지재致知齋에서 펼쳐보고 짓노라〔後三年正月夜, 在致知齋因披閱有作〕'라고 써놓았다. 꿈을 꾸고 안견을 시켜 그것을 그림으로 남긴 후에도 안평대군은 다시금 삼 년 만에 이 그림을 꺼내 보며 깊은 감동을 느낀 것이다. 그 감격을 시로 표현한 것이 바로 다음 작품이다.

이 세상 어느 곳이 꿈꾼 도원이런가	世間何處夢桃源
소박한 차림새 아직도 눈에 선하구나	野服山冠尙宛然
그림으로 그려보니 참으로 좋을시고	著畵看來定好事
이제부터 수천 년간 대대로 전해질 듯	自多千載擬相傳

꿈꾼 지 삼 년이라면 1450년을 말한다. 삼 년 만에 다시 꺼내보고도 전과 똑같은 감동으로 도원을 떠올리고, 또 그 도원의 모습이 아직도 선하다고 하는 안평대군! 그의 삶이 끊임없이 속세와 다른 도원을 꿈꾸게 했을지도 모른다.

안평대군과 도원의 이야기는 여기에서 그치지 않는다. 안평대군은 꿈에 도원을 본 감격을 잊지 않으면서 늘 꿈에 본 그 도원을 자신의 집으로 여기며 그리워했다. 그리움이 점점 심해져 결국 실제로 한양 성 북문 밖, 북악산 서북쪽 산기슭에 별장을 짓고 그 이름을 무계정사武溪精舍라 한다. 그리고 주위에 대나무와 복숭아나무 수백 그루를 심었다.

무계정사란 무릉도원이 있는 계곡 같은 곳에 지은 깨끗한 집이란 뜻이니, 그가 꿈에 본 도원 같은 공간을 실제로 구축하고 싶었던 것임을 금방

종로구 부암동 무계정사武溪精舍 | 안평대군은 꿈속에 거닐던 복사꽃 동산을 인왕산 기슭에서 발견하고는 그곳이 바로 몽유도원과 같다는 생각에 무계정사를 지었다고 한다. 인왕산 자락인 부암동 329의 4번지에 남아 있다. 서울시에서 1974년 1월 15일 유형문화재 제22호로 지정했다.

(위) '무계동(武溪洞)'이라는 글자가 아직까지 선명하게 남아 있다. (아래) 무계정사는 세조 등극 이후 불에 타 없어지고 터만 남았다. 터에는 현재 개인 소유의 한옥 한 채가 들어서 있다. 이곳은 「운수 좋은 날」을 지은 작가 현진건의 집터이기도 하다. 그러나 사람이 살고 있지 않아 옛날 모습을 찾기는 힘들고, 무성한 잡초만 우거져 세월의 무상함을 느끼게 한다.

파악할 수 있다. 훗날 사육신의 한 사람이 되는 이개李塏가 1451년에 쓴 「무계정사기武溪精舍記」에 의하면, 이곳은 밖에서 보면 그렇게 보이지 않는데 막상 안으로 들어가면 넓게 펼쳐질 뿐만 아니라 남북으로 계곡물이 흐르고 입구에 폭포까지 있었다고 한다. 다시금 〈무릉도원도〉를 펴서 그 모습을 찬찬히 살펴보시라. 왼쪽 구석으로 표현된 속세에서 오른쪽의 우뚝한 산을 올려본다면 누군들 그 안에 무릉도원 같은 사람 사는 공간이 있다고 생각할 수 있으랴. 그러나 그 깊숙한 안쪽에 들어가면 복숭아꽃 활짝 핀 넓은 공간이 나오며 그 입구에 이중으로 꺾이는 폭포도 있어 맑고 깨끗한 느낌은 극에 달하지 않는가. 그렇다면 안평대군은 자신이 꿈에 보았던 것과 최대한 흡사한 모습의 도원을 재현하여 거기에 살고자 했던 것이다.

단종 재위 시절 안평대군을 없애고 수양대군을 왕으로 세우려는 수많은 사람들은 안평대군의 모든 것을 못마땅해했다. 풍수지리상 북한산 보현봉普賢峯 아래는 '용이 일어나는 곳'이라 하여 이곳에 집을 지으면 후손이 왕이 된다면서, 안평대군이 무계정사를 지은 것은 역모에 해당한다고 비판하는 사람이 많았다. 『조선왕조실록』 단종1년 조1453를 보면 단종의 유모 역할을 했던 혜빈惠嬪을 비롯한 여러 사람들이 무계정사를 두고 안평대군을 고발하는 기사가 반복해서 나온다.

지금으로 말하면 이곳은 서울 종로구 부암동에 있으며, 서울시 유형문화재 22호로 지정되어 있다. 부암동사무소 옆으로 난 골목으로 100미터쯤 올라가면 길 오른쪽에 무계정사가 있다. 물론 지금은 그 옛날 있었다는 계곡도 보기 어렵고 폭포도 없으며, 여러 집들이 주위에 들어서서 무릉계곡 다운 운치는 찾아보기 어렵다. 그러나 변함없이 서 있는 산들을 보고 경복궁의 위치를 함께 생각해보면 상황이 다르다. 이곳에 서면 뒤쪽에 인왕산이 있고 오른쪽에 북한산이 있으며 왼쪽, 즉 남서쪽에 북악산이 있다. 그러니 이곳이야말로 삼면이 한양의 명산으로 둘러싸인 요새인 셈이다. 산이 없는 입구는 오직 한 곳인데, 이 입구가 바로 경복궁 쪽으로 나 있는 것이다. 경복궁을 기준으로 하면 서북쪽에 이곳이 있다. 안평대군을 경계하는 사람들의 눈으로 보자면, 왕권을 두고 다투는 강력한 후보자가 궁궐 서쪽에 집을 짓고 버티고 있는 것이니 얼마나 신경 쓰이는 일이었겠는가? 아버지 세종을 많이 닮아 학문은 물론 예술분야에서도 뛰어난 문인이자 예술인이었고 여러 대학자와 예술인에게 널리 인정받는 사람이었으니 병약한 문종 이후 권력을 노리는 수양대군 측 사람들에게는 도저히 가만둘 수 없는 인물이었던 것이 사실이다. 그런 정치사와 무계정사의 위치를 생각할 때 이 건물 하나를 헐어야 한다고 목소리를 높이는 『조선왕조실록』의 여러 기사는 그럴 법하기도 하다.

인왕산에서 하산하는 길에 허름하게 버려진 건물 하나를 보고 저게 무엇인가 의아해하는 분들은 앞으로 한번 주의 깊게 보시라. 지금은 사람도 살지 않고 관리하는 사람도 따로 없는 터라 앞쪽에 풀이 가득 나 있고 기단 위쪽으로 ㄱ자 모양의 기와집만 무너질 듯 서 있지만, 그곳에 안평대군의 못다 이룬 꿈이 서려 있어 그가 살고 싶어했던 세상이 펼쳐져 있을지도 모른다. 처마가 돌출된 부분의 왼쪽 바위에 후세 사람이 '무계동武溪洞'이라고 새겨놓은 것도 있어 이 공간을 선명히 설명해준다.

세상 번뇌와 아픔과 고통이 없는 꿈의 세계, 이상향을 꿈꾸며 무계정사를 지었을 안평대군은 오히려 이 건물 때문에 상당히 심한 비판을 받고 더 많은 이들로부터 경계를 당했으며 더 깊은 고통을 받았다. 그리고 얼마 안 되어 형 수양대군의 수하에 의해 강화도로 유배되고, 이후 죽음을 맞았다. 왠지 사람의 움직임이 전혀 없는 〈몽유도원도〉에서 쓸쓸한 느낌이 일듯이 무계정사를 바라보고 있노라면 안평대군의 삶이 생각나 씁쓸한 마음이 들곤 한다.

또한 일제강점기 가난한 이들의 처절한 삶을 『빈처』 『운수 좋은 날』 등의 소설로 표현했던 작가 현진건의 집이 바로 무계정사의 마당 부분이었다. 그가 그린 소설에 나타난 인물들의 삶과 안평대군의 삶은 시대도 환경도 전혀 다른 것이지만 왠지 이 둘이 상승작용을 일으키면서 침통한 분위기를 배가시키는 것 같기도 하다. 현진건의 소설을 생각하면서 보면, 관리되지 않아 잡초 가득한 마당과 그 뒤에 쓰러질 듯 서 있는 무계정사 건물은 볼수록 오히려 더 서글프다.

무릉도원이라 부르든 유토피아라 부르든 그것도 아니면 또다른 그 어떤 것으로 부르든 이상세계는 본래 실체가 없다고 한다. 본질적으로 사람들이 바라는 것은 늘 유동적이어서, 몇십 년 전, 또는 몇백 년 전 사람들이 바라던 것들이 현재 다 이루어졌는데도 지금 사람들은 그 현재를 유토피아라 생각하지 않고 또다른 세상을 꿈꾸기 때문이다. 오늘 방 안에 앉아 내일을 기다리는 사람에게 내일이 와도 그것은 오늘이지 절대 내일은 아닌 것처럼 말이다.

그러나 꿈꾸는 것은 사람만의 특권이다. 또한 꿈은 힘든 삶을 살고 있는 사람에게 살아갈 힘을 제공해주는 무한 에너지원이 될 수도 있다. 오히려 꿈꾸지 않는 사람이야말로 가장 위험한 사람이다. 그러니 선인들과 같이 우리도 이상세계를 그리고 꿈꾸며 때로 그런 세상을 만들려고 계속 노력해야 하는지도 모른다.

안평대군은 사라졌지만 그후에도 사람들은 끊임없이 이상세계를 머리로 그리며 꿈으로 꾸었다. 삼 년 아니라 삼십 년, 삼십 년 아니라 삼백 년이 지나더라도 그림을 뒤척이며 새로운 세상을 꿈꾸는 사람은 계속 이어지리라. 그리고 그런 사람이 있어서 세상은 좀더 나은 곳으로 나아가고 있는 것인지도 모른다.

1 安平大君,「夢遊桃源記」: 歲丁卯四月二十日夜, 余方就枕, 精神遽栩, 睡之熟也, 夢亦至焉. 忽與仁叟, 至一山下, 層巒深壑, 峭崒窈窅, 有桃花數十株, 微徑抵林表而分岐. 徊徨竚立, 莫適所之, 遇一人山冠野服, 長揖而謂余曰: "從此徑以北入谷, 則桃源也." 余與仁叟, 策馬尋之, 崖磴卓犖, 林莽薈鬱, 溪回路轉 盖百折而欲迷.

2 安平大君,「夢遊桃源記」: 入其谷. 則洞中曠豁. 可二三里. 四山壁立, 雲霧掩靄, 遠近桃林, 照暎蒸霞. 又有竹林茅宇, 柴扃半開, 土砌已沈, 無鷄犬牛馬. 前川唯有扁舟, 隨浪游移, 情境蕭條, 若仙府然. 於是, 踟躕瞻睹者, 久之, 謂仁叟曰: "架巖鑿谷開家室, 豈不是歟. 實桃源洞也."

3 安平大君,「夢遊桃源記」: 傍有數人在後, 乃貞父泛翁等, 同攢韻者也. 相與整履陟降, 顧眄自適, 忽覺焉.

4 安平大君,「夢遊桃源記」: 嗚乎! 通都大邑, 固繁華名官之逍遊, 窮谷斷崖, 乃幽潛隱者之所處. 是故, 紆身青紫者, 迹不到山林, 陶情泉石者, 夢不想巖廊, 盖靜躁殊途, 理之必然也. 古人有言曰: '晝之所爲, 夜之所夢', 余托身禁掖, 夙夜從事, 何其夢之到於山林耶? 又何到而至於桃源耶? 余之相好者多矣, 何必遊桃源而從是數子乎? 意其性好幽僻, 素有泉石之懷, 而與數子者, 交道尤厚, 故致此也.

5 安平大君,「夢遊桃源記」: 於是 令可度作圖 但未知古之所謂桃源者 亦若是乎, 後之觀者, 求古圖, 較我夢, 必有言也. 夢後三日, 圖旣成, 書于匪懈堂之梅竹軒.

6 이 시는 서거정,『四佳集』2권에「夢桃源圖, 爲貴公子作」이라는 제목으로 실려 있다. 한국고전번역원 역.

7 『道德經』80장: 小國寡民, 使有什佰之器而不用, 使民重死而不遠徙, 雖有舟輿, 無所乘之, 雖有甲兵, 無所陳之, 使人復結繩而用之, 甘其食, 美其服, 安其居, 樂其俗, 隣國相望, 鷄犬之聲相聞, 民至老死不相往來. 정민,『초월의 상상』, 휴머니스트, 2002, 71～116쪽에서는 한시를 중심으로 우리나라 사람들이 꿈꾼 유토피아를 설명해주어 관련 논의를 하는 데 큰 도움이 된다.『도덕경』80장의 번역도 거기에 따른다.

8 陶淵明,「桃花源記」: 晉太元中, 武陵人, 捕魚爲業, 緣溪行, 忘路之遠近; 忽逢桃花林, 夾岸數百步, 中無雜樹, 芳草鮮美, 落英繽紛; 漁人甚異之. 復前行, 欲窮其林. 林盡水源, 便得一山. 山有小口, 彷彿若有光, 便舍船, 從口入.

9 陶淵明,「桃花源記」: 初極狹, 纔通人; 復行數十步, 豁然開朗. 土地平曠, 屋舍儼然. 有良田·美池·桑·竹之屬, 阡陌交通, 雞犬相聞. 其中往來種作, 男女衣著, 如外人; 黃髮垂髫, 竝怡然自樂. 見漁人, 乃大驚, 問所從來; 具答之. 便要還家, 設酒殺雞作食. 村中聞有此人, 咸來問訊. 自云:「先世避秦時亂, 率妻子邑人來此絶境, 不復出焉; 遂與外人間隔.」問「今是何世?」乃不知有漢, 無論魏·晉! 此人一一爲具言所聞, 皆歎惋. 餘人各復延至其家, 皆出酒食. 停數日, 辭去. 此中人語云:「不足爲外人道也.」

10 陶淵明,「桃花源記」: 旣出, 得其船, 便扶向路, 處處誌之. 及郡下, 詣太守, 說如此. 太守卽遣人隨其往, 尋向所誌, 遂迷不復得路.

11 陶淵明,「桃花源記」: 南陽劉子驥, 高尙士也, 聞之, 欣然規往, 未果尋, 病終. 後遂無問津者.

12 오주석,『옛 그림 읽기의 즐거움』, 솔, 1999, 46~73쪽.

13 이들 각각의 용어의 용례와 의미에 대해서는 이종은 외,「한국문학에 나타난 유토피아 의식 연구」,『한국학논집』28집, 11~18쪽에 자세히 나와 있다.

14 李仁老,『破閑集』上卷: 古老相傳云, 其間有青鶴洞, 路甚狹纔通人行, 俯伏經數里許, 乃得虛曠之境, 四隅皆良田沃壤宜播植, 唯青鶴棲息其中, 故以名焉. 盍古之遁世者所居, 頹垣壞壍猶在荊棘之墟. 昔僕與堂兄崔相國, 有拂衣長往之意, 乃相約尋此洞, 將以竹籠盛牛犢兩三以入, 則可以與世俗不相聞矣. 遂自華嚴寺至花開縣, 便宿神興寺, 所過無非仙境, 千巖競秀, 萬壑爭流, 竹籬茅舍, 桃杏掩映, 殆非人間世也. 而所謂青鶴洞者, 卒不得尋焉.(민족문화추진회에서 번역한 것을 필자가 약간 수정하였다.)

15 이수광,『지봉유설』18권, 外道部 仙道.

16『청구야담』3권,「도원을 방문한 권생이 진인을 찾다訪桃源權生尋眞」

17 서양의 이상사회에 대한 설명은 이인식,『유토피아 이야기』, 갤리온, 2007, 10~20쪽에서 정리했다.

18 앞의 각주 13번의 논문.

19 이 점에 대해서는 김두진이「궁예의 미륵세계」,『한국사 시민강좌』10집, 일조

각, 1992, 19~36쪽에 자세히 설명해둔 것이 있다.

20 『青邱野談』 3권, 「訪桃源權生尋眞」: 踰嶺而下, 依微之中, 有一大村, 專占一壑. 鷄狗之聲, 砧杵之響, 起於四隣. 洞中人戶, 恰爲二白餘數, 前坪一望平鋪, 無非良田美土, 問其周廻, 則爲二十餘里, 隱然是世外桃源也.

21 서신혜, 『이상세계 형상과 도교 서사』, 한국학술정보, 2006, 17쪽.

22 『青邱野談』 3권, 「訪桃源權生尋眞」: 又隔壁數間房內, 夜夜有讀書聲, 問之, 則以爲洞中年少, 不可浪遊, 每當秋冬, 晝耕夜讀, 必會此而課業云. 이하 원문 생략.

23 辛敦復, 『鶴山閑言』(『한국문헌설화전집』 8권, 337~339쪽): 景物奇麗, 田疇肥沃, 有人居數十家, 皆僧徒也. 農屋相接, 泉石回匝, 而滿洞皆梨樹, 家家積栗, 人人殷粜以生.

24 『青邱野談』 3권, 「李東皐爲傔擇佳郎」: 上則其山之下, 平原廣野, 一望無際, 有瓦家數處, 又有茅屋數百間, 鷄犬之聲相聞, 奄成一小郡邑⋯⋯兩家春耕秋穫, 男耘女織, 不聞世外之消息, 坐享山中之滋味.

25 박종훈·서신혜 역주, 『만하몽유록』, 한양대학교 출판부, 2005, 82~83쪽.

26 만종재본 『어우야담』 5권: 余嘗聞, 我國山川阻深, 人跡所不到, 如秦人武陵處非一, 獨妙香山之北, 曠世不通人烟, 嘉靖隆慶間有一民, 負小犢入無徑之谷, 官人知其爲逋民窮詰之, 言"有沃野在極深處, 牛馬所不到, 必須人負駒犢而入, 及長而用之." 官家使軍官隨之識其路, 歷險登頓數日失其路, 其民不許之, 官家怒而殺之云.

27 『東文選』 6권. 정민의 『초월의 상상』, 휴머니스트, 2002, 86~88쪽에는 이 시에 나타난 유토피아 의식에 대해 다룬 내용이 있다. 번역도 이에 따랐다.

28 『溪西野談』 2권(『한국문헌설화전집』 1권, 120~124쪽): 嶺南某郡有一士⋯⋯

29 『青邱野談』 3권, 「李東皐爲傔擇佳郎」: 今年四月, 倭虜大入我國, 生靈盡爲魚肉, 至犯京都, 大殿今駐興龍灣, 如是之際, 宅在京城, 則其能保存乎⋯⋯大監又親臨鄙所, 憂以國運, 託以家眷, 故小人自年前, 積年經營, 排置此一區桃源矣.

30 『青邱野談』 4권, 「安貧窮十年讀易」: 壬辰之亂, 生民魚肉, 而生之一村, 獨不經兵燹, 此是山桃源云.

31 趙汝籍, 『青鶴集』(이종은 역주, 보성문화사, 157쪽).

32 『東野彙輯』 3권, 「陳學究指窟避禍」: 遂起而漸入別有佳境, 三老對奕, 見高至, 亦不顧, 圍棋不綴, 高蹲而觀焉, 局終方問: "客何得至此?" 高言迷墮失路, 老者曰: "此非人間, 不宜久淹, 我送歸." 乃導至窟下, 覺雲氣擁之, 如升遂履平地, 見木葉黃

落，似是深秋，大驚曰："我以冬來，何變暮秋." 奔赴家中，妻子驚喜，高訝問之，妻曰："君去三年不返，方欲虛葬." 高曰："異哉! 纔頃刻耳."

33 『東野彙輯』 8권,「百年光陰蟪蛄郡」.

34 『記聞叢話』 4권, 「南西溪趁」(정명기 편, 『한국야담자료집성』 6권, 계명문화사).

35 『靑邱野談』 3권, 「訪桃源權生尋眞」

36 『東野彙輯』 3권, 「設白帳避兵獲安」: 從僻路升降, 不知爲幾里, 抵一峻嶺地, 皆沙石, 僧曰, 此沙細軟積厚, 若移足稍緩, 則沒脛難抽, 但學我步數數擧趾, 可免此患. 洪如其言, 至嶺上, 路繞山腰逶迤, 屈曲行幾里, 路忽中斷, 下臨絶壑, 對案相距, 可丈許. 僧一踔而過, 洪心悸神懼無計從之. 僧乃展兩袖據案, 懸身而仰臥, 令洪躍來投其懷中, 洪不得已大着膽一跳而進, 僧兩手迎抱以涉危, 又屢轉崎嶇盤回到一處, 卽別界也.

37 『海內十洲記』, 「鳳麟洲」: 鳳麟洲在西海之中央, 地方一千五百里, 洲四面有弱水繞之, 鴻毛不浮, 不可越也.

38 『孟子』, 「梁惠王」 上의 세번째: ……五畝之宅, 樹之以桑, 五十者可以衣帛矣; 雞豚狗彘之畜, 無失其時, 七十者可以食肉矣; 百畝之田, 勿奪其時, 數口之家可以無飢矣; 謹庠序之敎, 申之以孝悌之養, 頒白者不負戴於道路矣.

39 정약용, 『다산시문집』 4권, 「미원은사가」(민족문화추진회 역).

40 황원구, 「한국에서의 유토피아의 한 시도—판미동 고사의 연구」, 『동방학지』 32집, 연세대학교 국학연구원, 1982, 59~96쪽.

『어우야담』, 『청구야담』 등 야담류 다수.
강민경, 『유선문학과 환상의 전통』, 한국학술정보, 2007.
김왕수, 「이상사회에 관한 한국인의 전통적 관념」, 『인문과학』 72호, 연세대학교 인문과학연구소, 1994.
김은미, 「몽유도원도 제찬題讚의 도원관桃源觀 연구」, 『이화어문논집』 10호, 이화여대 한국어문학연구소, 1989.
서신혜, 『이상세계 형상과 도교 서사』, 한국학술정보, 2006.
심경호, 「다산의 미원은사가에 담긴 귀전원 의식에 대하여」, 『정신문화연구』, 15권 3호, 한국정신문화연구원, 1992.
오주석, 『옛 그림 읽기의 즐거움』, 솔, 1999.
이림천, 『청학동 가는 길』, 정신세계사, 1998.
이인식, 『유토피아 이야기』, 갤리온, 2007.
이종은 외, 「한국문학에 나타난 유토피아 의식 연구」, 『한국학논집』 28집, 한양대 한국학연구소, 1996.
이종은 역주, 『해동전도록·청학집』, 보성문화사, 1985.
장경연, 「도원도 연구—중국과 한국의 도원도를 중심으로」, 홍익대 석사논문, 2004.
정민, 『초월의 상상』, 휴머니스트, 2002.
정재서, 『불사不死의 신화와 사상』, 민음사, 1994.
허용, 「조선시대 도원도 연구」, 고려대학교 석사논문 미술사학 전공, 2006.
황원구, 「한국에서의 유토피아의 한 시도—판미동 고사의 연구」, 『동방학지』 32집, 연세대학교 국학연구원, 1982.
『한국사시민강좌』 10집(특집—韓國史上의 理想社會論), 일조각, 1992.

'키워드 한국문화'를 펴내며

'키워드 한국문화'는 한국의 역사와 문화를 재발견하는 작업이다. 한국문화의 정수를 찾아 그 의미와 가치를 정리하는 일이다. 한 장의 그림 또는 하나의 역사적 장면을 키워드로 삼아, 구체적인 대상을 통해 한국을 찾자는 것이다. 처음 소개되는 것도 있을 것이고, 잘 알려져 있더라도 이제야 그 진면목이 드러나는 것도 있을 것이다. 영상과 멀티미디어에 익숙한 현대적 감각에 맞추어 시청각자료를 풍부히 활용하고자 했다. 우리 것이니 당연히 알아야 한다는 의무감에서가 아니라, 같은 땅에 살았던 사람들의 삶의 이야기를 조근조근 들려주어 자연스레 책을 펼쳐볼 수 있게 했다. 이로써 멀게만 느껴졌던 인문학과 독서대중의 간극을 좁히고자 했다.

한국문화를 전혀 모르는 사람들에게나, 어렴풋이 알고 있다고 생각하지만 선입관에 사로잡힌 사람들에게, 또 좀더 깊이 알고자 하지만 길을 찾지 못하는 사람들에게 '키워드 한국문화'는 좋은 안내자가 될 것이다. 한국이 어떤 나라인지 묻는 외국의 벗에게 이 책 한 권을 건넴으로써 대답을 대신할 수 있을 것이다. 책이 한 권 한 권 간행될수록 한국문화의 특징과 아름다움이 더욱 선명히 모습을 드러내리라 믿는다. 책으로 만든 '한국문화 특별전시관'의 완공을 손꼽아 기다린다.

키워드 한국문화 기획위원

김문식, 박철상, 신수정, 안대회, 정병설

키워드 한국문화 5
조선인의 유토피아

1판 1쇄 | 2010년 1월 8일
1판 3쇄 | 2010년 3월 3일

지은이 서신혜
펴낸이 강병선

책임편집 구민정 임혜지 최지영 오동규 | 독자모니터 전혜진
디자인 엄혜리 한충현 김민하
마케팅 방미연 우영희 | 제작 안정숙 서동관 김애진

펴낸곳 (주)문학동네
출판등록 1993년 10월 22일 제406-2003-000045호
주소 413-756 경기도 파주시 교하읍 문발리 파주출판도시 513-8
전자우편 editor@munhak.com | 대표전화 031)955-8888 | 팩스 031)955-8855
문의전화 031)955-8889(마케팅) 031)955-2671(편집)
문학동네카페 http://cafe.naver.com/mhdn

ISBN 978-89-546-0995-1 04900
978-89-546-0990-6 04900 (세트)

* 이 도서의 국립중앙도서관 출판시도서목록(CIP)은 e-CIP 홈페이지(http://www.nl.go.kr/ecip)에서
이용하실 수 있습니다.(CIP제어번호: CIP2009004124)

www.munhak.com